致胜桥牌约定叫系列丛书之三

U0731804

一阶高花开叫后的约定叫

[美]巴迪·塔克 著

唐志皓　康蒙 译

成都时代出版社

四川省版权局
著作权合同登记章
图进字 21-2017-589 号

图书在版编目（CIP）数据

一阶高花开叫后的约定叫／（美）巴迪·塔克著；
唐志皓，康蒙译 . -- 成都：成都时代出版社，2017.7
（致胜桥牌约定叫系列丛书；之三）
ISBN 978-7-5464-1905-3

Ⅰ . ①一… Ⅱ . ①巴…②唐… ③康…
Ⅲ . ①桥牌－基本知识 Ⅳ . ① G892
中国版本图书馆 CIP 数据核字 (2017) 第 158462 号

一阶高花开叫后的约定叫
YiJie GaoHua KaiJiao Hou De YueDingJiao
[美]巴迪·塔克 著
唐志皓 康蒙 译

出 品 人　石碧川
责任编辑　曾绍东
封面设计　陈二龙
版式设计　陈二龙
责任校对　陈　硕
责任印制　干燕飞

出版发行　成都时代出版社
电　话　（028）86619530（编辑部）
　　　　　（028）86615250（发行部）
印　刷　成都金龙印务有限责任公司
规　格　140mm×210mm
印　张　4.375
字　数　100 千字
版　次　2017 年 10 月第 1 版
印　次　2017 年 10 月第 1 次印刷
印　数　1-6000 册
书　号　ISBN　978-7-5464-1905-3
定　价　25.00 元

目 录

高花加叫结构

牌手应该完善自己的高花加叫体系，以便达成下列目标：

·持很弱的牌但有较长的将牌时，可以依据体系规定安全地抢占叫牌空间，以便阻止敌方参与叫牌；

·持弱牌（6～9点，没有邀叫实力）以及最低限的将牌张数时，可以安全地加叫；

·持弱牌（6～9点，没有邀叫实力）有较长的（4⁺张）将牌张数时，可以依据体系规定安全地抢占叫牌空间，从而阻止敌方参与叫牌；

·持邀叫实力（10～12点）可以区分三张和四张支持的加叫：

○区分三张和四张支持的加叫；

○区分均型牌和非均型牌；

○可以依据体系的规定安全地试探成局。

·持逼叫进局的实力需要区分以下事项：

○均型牌和非均型牌；

○三张支持还是四张以上支持；

○低限逼叫进局牌力还是有额外牌力可以试探满贯。

我们必须选择适当的叫品组合，以便满足上述要求。采用激进的叫牌风格更适合在复式赛中获胜。而适当增添约定叫就可以保证叫牌的安全性，且无需顾及到底是强牌还是弱牌。

我们需要选择相应的约定叫以便达成上述目标。组合在一起使用，它们就构成了一套完整的体系——既可以最大限度地保持激进的风格，又符合叫牌体系的要求，能够保证叫牌的安全。而且，这种加叫方式可以适用于绝大多数持牌。以下就是加叫方法的简单概括：

借助于逼叫性1NT和伯根加叫，没有逼叫进局实力的高花加叫方式将随之改变。当应叫人对开叫高花有配合，并且没有做过不叫，那么他可以使用如下方式：

- 加叫至二阶表示三张支持，6 ~ 9 点；
- 伯根加叫表示四张支持，6 ~ 9 点；
- 伯根加叫表示四张以上支持，10 ~ 12 点；
- 直接加叫至三阶表示 4 张以上支持，6 点以下，如果是有局方应该有一定的牌型（比如，有单张或者另有一个 5 张套）；
- 直接加叫至四阶表示五张以上将牌，有单缺并且少于 6 点，也就是"弱的畸型牌"。
- 首先应叫 1NT，然后跳加叫至三阶，表示三张将牌支持，10 ~ 12 点。

当应叫人对开叫高花有配合，并且已经做过不叫：

- 加叫至二阶表示三张支持，6 ~ 9 点；
- 朱瑞表示三张将牌支持，10 ~ 12 点；
- 朱瑞表示四张将牌支持，10 ~ 12 点；
- 直接加叫至三阶表示四张以上支持，6 点以下。如果是有局方应该有一定的牌型（比如，有单张或者另有一个五张套）；
- 直接加叫至四阶表示五张以上将牌，有单缺并且少于 6 点，也就是"弱的畸型牌"。
- 单跳新花色是"迷你斯普林特"，表示四张以上将牌，9 ~ 11 点，所叫花色是单缺。

帮张邀叫用以试探成局。加叫高花后已经确定了将牌，当叫牌一方觉得有成局的可能，帮张邀叫是非常有用的约定叫——既可以试探成局，又不会使叫牌阶数过高。

借助于杰克贝 2NT 和斯普林特，你有三种方式显示有逼叫进局实力的加叫。这两个叫品都是直接显示配合。第三种方法是首先应叫新花色，然后加叫同伴的高花，这同样是逼叫进局的加叫。

这种方法称之为"延迟加叫"。

你准备使用哪种逼叫进局的加叫方式？概括如下：

- 只有当你有逼叫进局的实力并且符合下列条件时才应叫新花色：
  - 对开叫的高花只有三张支持；
  - 显示好的边花套，以便同伴更好地了解联手的持牌，从而决定是否应该叫满贯；
  - 应叫人有单缺，但牌力范围不符合使用斯普林特的点力要求。
- 杰克贝 2NT 承诺四张以上将牌支持，通常是均型牌并且有逼叫进局的实力（13$^+$点）。
- 斯普林特表示四张以上将牌支持，并且是逼叫进局中的不平均"弱牌"（10 ~ 13 点）。

3

伯根加叫

随着现代桥牌的发展，牌手们逐渐认识到随着联手将牌张数的增多，赢墩数量也会得到相应的提高。马蒂伯根发明了伯根加叫用以显示良好的将牌配合，它适用于同伴开叫高花，并且右手敌方不叫后，应叫人的第一次叫牌。（有些牌手会在其他情况下使用伯根加叫，我们将在本章结尾处的"补充要点"中加以讨论。）总体上说，联手有九张以上将牌会有以下优势：

• 两手有更为顺畅的连通；

• 将吃输墩更为安全；

• 清将更为容易。

这是一个非常简单的约定叫。在同伴开叫 1♡ 或 1♠ 后，应叫人的应叫方式如下：

• 3♣：四张以上将牌支持，6～9 点；

• 3♢：四张以上将牌支持，通常为均型牌（否则应叫人可以使用斯普林特）以及 10～12 点；

• 3♡／♠：4 张以上将牌支持，0～5 点。

在应叫人加叫后，开叫人的再叫有多种选择：

• 开叫人认为没有成局可能，简单回到开叫花色—3♡／3♠；

• 开叫人有成局实力，直接跳叫进局—4♡／4♠；

• 开叫人有进局兴趣但是没有试探的空间，直接跳叫 4♡／4♠；

• 开叫人有进局兴趣，并且在应叫人的加叫与三阶高花之间有一个叫品，那么这个叫品就是进局试探。

在决定是否进局时，开叫人需要考虑以下因素：

• 联手的将牌张数；

• 大牌点数；

• 牌型；

• 叫牌（或者不叫）带来的优势；

• 大牌点的位置。（位于长套的大牌点要比零散的大牌点更有价值。）

我们来看一些开叫人可能的持牌：

1）♠Q32　♡AQ872　♢AQ65　♣3　开叫1♡

同伴应叫3♣表示四张以上将牌，6～9点。

开叫人应该再叫3♢，进局试探。有单张以及14点，并且点力集中在两门长套（红心与方块上），开叫人认为很有可能成局。

2）♠Q32　♡AQ872　♢AQ65　♣3　开叫1♡

同伴应叫3♢表示四张以上将牌，通常均型，点力为10～12点。

开叫人再叫4♡，简单进局。有单张以及14点，开叫人乐观地认为联手有成局的实力。

3）♠Q32　♡AQ872　♢AQ65　♣　开叫1♡

同伴应叫3♡表示4张以上将牌，0～5点。

开叫人不叫。开叫人知道联手不会超过19点，当然愿意止于部分定约。

4）♠2　♡AQ872　♢AQ654　♣Q3　开叫1♡

同伴应叫3♡表示四张以上将牌，0～5点。

开叫人再叫4♡。开叫人知道联手不会超过19点。然而，开叫人推测敌方有九张以上的黑桃配合并且联手至少21点。4♡是一个"两用"的叫品。（在两种情况下，此叫品将带来收益。）你方可以完成4♡，如果牌张分布对你方有利。如果牌张分布对你方不利，那么敌方就可能完成4♠，而继续叫4♡就可以阻止敌方叫牌。

5）♠AKJ92　♡A872　♢KJ2　♣3　开叫1♠

应叫人应叫3♢表示四张以上将牌，通常均型，10～12点。

开叫人再叫4♠，进局。有单张以及16点牌力，开叫人认为联手有充足的实力成局。

6）♠AKJ92　♡A872　♢QJ2　♣3　开叫1♠

同伴应叫3♣表示四张以上将牌，6～9点。

开叫人再叫3♢，帮张邀叫。有单张以及15点，开叫人知道联手已经接近成局的实力，希望进一步了解同伴的持牌是否对自己有帮助。

7）♠AKJ92　♡AQ72　♢KJ2　♣3　开叫1♠

同伴应叫3♠表示四张以上将牌，0～5点。

开叫人再叫4♠，进局。有单张以及18点，开叫人知道联手没有成局的大牌实力，然而，这手牌获取赢墩的能力非常强。

8）♠AKJ92　♡A972　♢K52　♣3　开叫1♠

同伴应叫 3♠表示四张以上将牌，0～5 点。

开叫人不叫。有单张以及 15 点，开叫人知道联手没有成局的大牌实力。如果同伴的牌与开叫人的牌极度配合，成局仍有很大可能，但在目前局势下开叫人已经没有试探的空间。

- -

9）♠AKJ92　♡AJ752　♢32　♣3　开叫 1♠

同伴应叫 3♣表示四张以上将牌，6～9 点。

开叫人再叫 3♡，帮张邀叫。有单张，很好的五张边花套以及 13 点，开叫人知道联手没有成局的大牌实力。然而，如果同伴对红心有帮助，那么联手获取赢墩的能力就将大幅提升。

- -

10）♠AKJ92　♡KQ72　♢2　♣AQ3　开叫 1♠

同伴应叫 3♢表示 4 张以上将牌，通常均型，10～12 点。

开叫人再叫 4♣，扣叫表示♣A。有单张以及 19 点，开叫人认为联手有充足的实力成局，而且满贯也并不遥远。开叫人希望同伴扣叫 4♡表示♡A；如果同伴再叫 4♠，开叫人不叫；如果同伴扣叫 4♢，开叫人再扣叫 4♡表示♡K。

补充要点

• 有些搭档互换了 3♣ 和 3♦ 的含义：3♣ 表示 10 ～ 12 点，3♦ 表示 6 ～ 9 点。

• 有些搭档在应叫人做过不叫后仍然使用伯根加叫。（我建议在应叫做过不叫后使用朱瑞约定叫。）

• 依据同伴间的约定，应叫人做过不叫后可以采用以下加叫方式：

　　○ 加叫到二阶表示三张将牌支持，6 ～ 9 点；

　　○ 跳叫 2NT 表示四张以上将牌支持，6 ～ 9 点。

• 依据同伴间的约定，敌方加倍后仍然使用伯根加叫。（我推荐这种用法。）

• 依据同伴间的约定，敌方争叫后，如果还有跳叫空间，仍然使用伯根加叫。如果使用这个约定，你就失去了跳叫作为阻击叫的机会。（我推荐使用扣叫作为限制性加叫或者更好，从而保持在竞叫过程中使用阻击性跳叫的机会。）

牌例 1 双方无局

北发牌

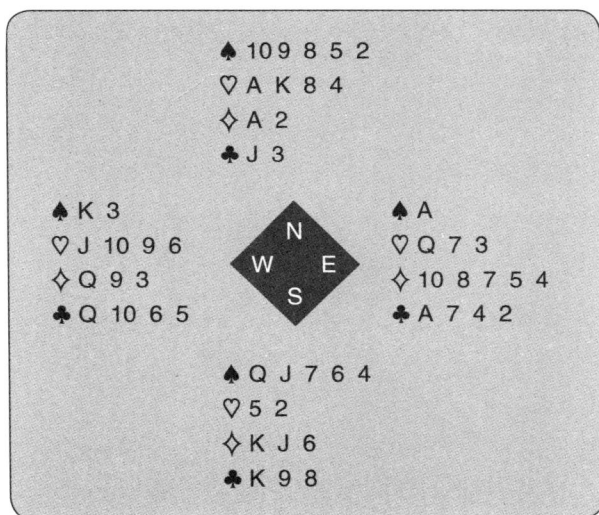

西	北	东	南
	1♠	不叫	3◇
不叫	3♠	全不叫	

3◇是伯根加叫，表示四张将牌支持，10～12 点。

3♠否认有进局兴趣。

牌例 2 南北有局

东发牌

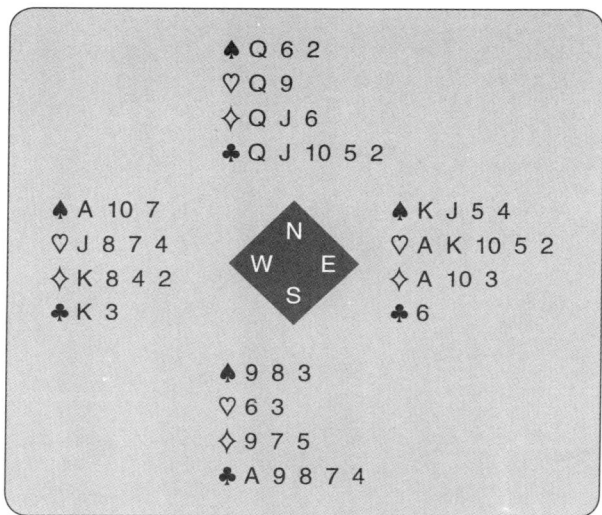

西	北	东	南
		1 ♡	不叫
3 ♢	不叫	4 ♡	全不叫

3 ♢是伯根加叫，表示四张将牌支持，10 ～ 12 点。

东家有成局实力，直接跳叫 4 ♡。

牌例 3 东西有局

南发牌

```
              ♠ K 7 3 2
              ♡ J 9 6
              ♢ 9 6 3
              ♣ A 8 7

♠ 6 4                        ♠ A 8
♡ K 5 3 2         N          ♡ A 10 8 7
♢ Q 8 7 2      W     E       ♢ K 10 5
♣ Q J 4           S          ♣ 10 9 5 2

              ♠ Q J 10 9 5
              ♡ Q 4
              ♢ A J 4
              ♣ K 6 3
```

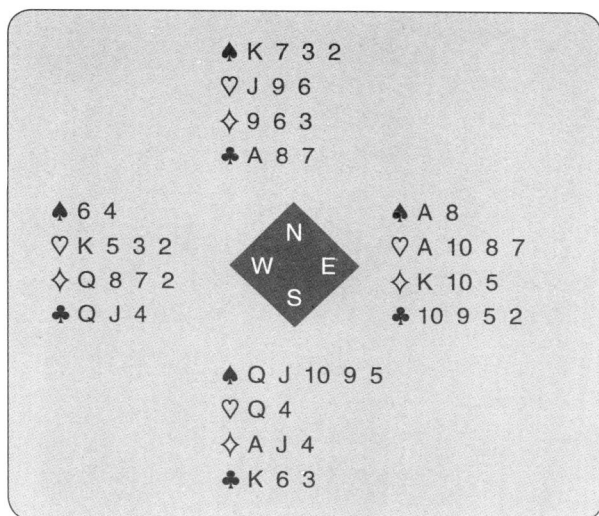

西	北	东	南
			1♠
不叫	3♣	不叫	3♠
全不叫			

3♣是伯根加叫，表示四张将牌支持，6～9点。

3♠否认有进局兴趣。

牌例 4 双方有局

西发牌

```
                    ♠ 6 3
                    ♡ Q 9 6 2
                    ♢ Q J 10
                    ♣ K Q J 5

    ♠ A K 8 7 4          N          ♠ Q 10 9 5
    ♡ 8              W       E       ♡ J 4 3
    ♢ A 6 5 2           S          ♢ K 7
    ♣ A 9 4                         ♣ 10 6 3 2

                    ♠ J 2
                    ♡ A K 10 7 5
                    ♢ 9 8 4 3
                    ♣ 8 7
```

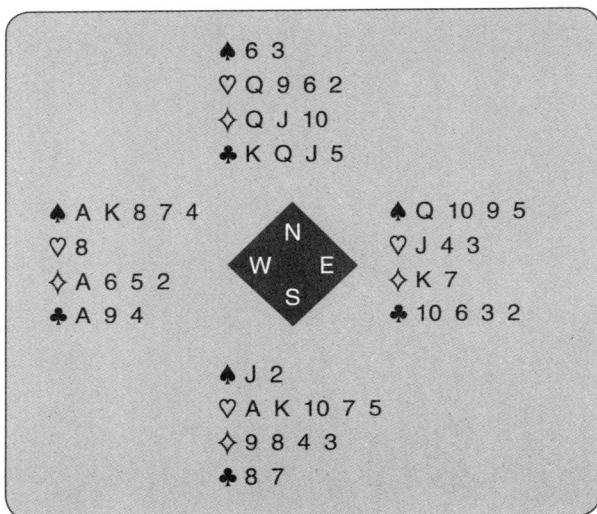

西	北	东	南
1♠	不叫	3♣	不叫
3♢	不叫	4♠	全不叫

3♣是伯根加叫，表示四张将牌支持，6～9点。

3♢为帮张邀叫。西家有两个叫品进行邀叫，3♢是更为自然的选择，表示需要同伴在方块上的帮助。

牌例 5 南北有局

北发牌

♠ A Q 10 5
♡ K J 9 7 4
♦ K 9 3
♣ 2

♠ J 8 7 6 2
♡ 3
♦ A 7 2
♣ A 9 7 6

♠ K 3
♡ 10 2
♦ J 10 8 6 4
♣ K 10 4 3

♠ 9 4
♡ A Q 8 6 5
♦ Q 5
♣ Q J 8 5

西	北	东	南
	1♡	不叫	3♦
不叫	4♡	全不叫	

3♦是伯根加叫，表示四张将牌支持，10 ～ 12 点。

北家有足够的实力进局，直接跳叫 4♡。

牌例 6 东西有局

东发牌

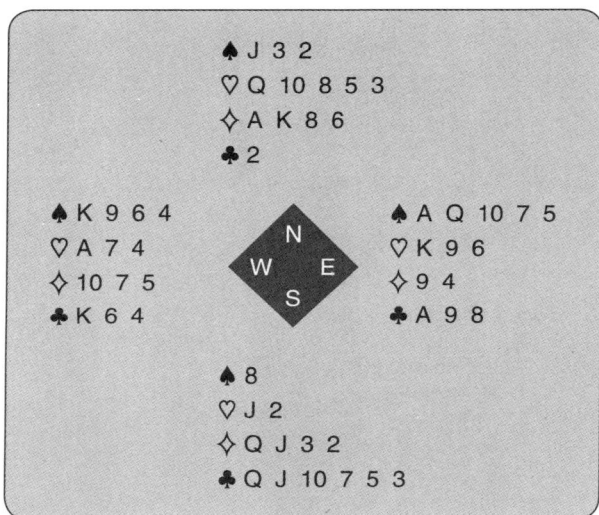

	西	北	东	南
			1♠	不叫
	3♢	不叫	3♡	不叫
	3♠	全不叫		

3♢是伯根加叫，表示四张将牌支持，10 ~ 12 点。

3♡表示成局试探，这是一般性质的成局试探，因为 3♡是 3♢与 3♠之间的唯一叫品。

由于没有足够的实力，西家再叫 3♠表示拒绝。（记住，此处的 3♡并不要求同伴在红心上有帮助。）

牌例 7 双方有局

南发牌

♠ A 8 2
♡ Q 6 5 4
♢ J 6
♣ K 7 3 2

♠ J 10 7 6 4
♡ J
♢ K 5 4
♣ Q 8 5 4

♠ K Q 5
♡ 10 9 8
♢ Q 9 8 7 2
♣ 9 6

♠ 9 3
♡ A K 7 3 2
♢ A 10 3
♣ A J 10

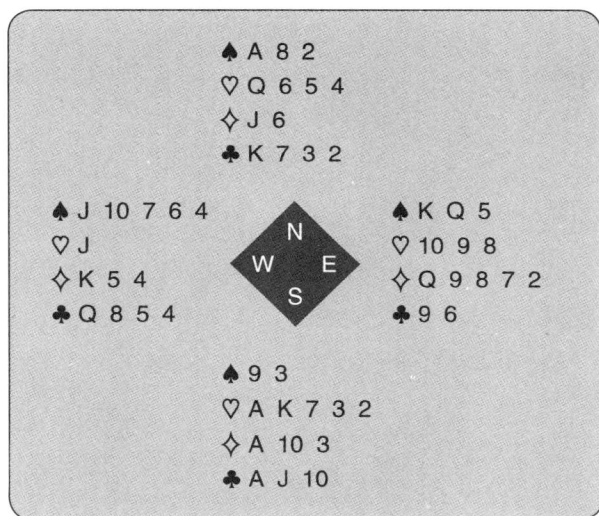

西	北	东	南
			1♡
不叫	3♢	不叫	4♡
全不叫			

3♢是伯根加叫，表示四张将牌支持，10～12点。

南家有足够的实力进局，直接跳叫4♡。

牌例 8 双方无局

西发牌

```
              ♠ 8 5
              ♡ Q 3
              ◇ J 10 9 3
              ♣ K Q 9 5 3

♠ A 10 9 6 3         N         ♠ K J 7 4
♡ A K 10       W         E     ♡ 8 7
◇ K 7                S         ◇ A 8 6 2
♣ 8 7 4                        ♣ A 6 2

              ♠ Q 2
              ♡ J 9 6 5 4 2
              ◇ Q 5 4
              ♣ J 10
```

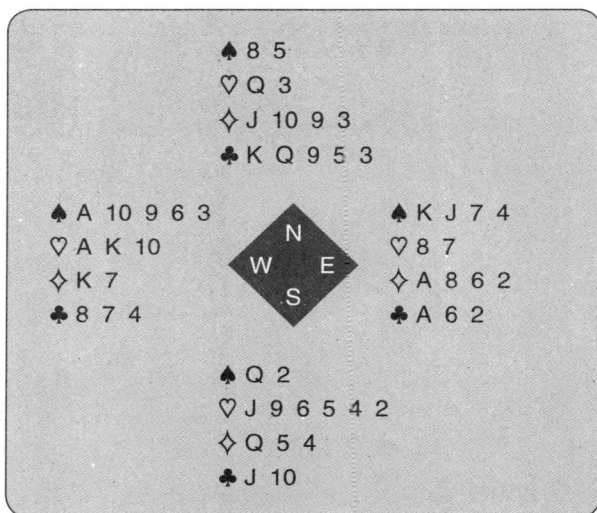

西	北	东	南
1♠	不叫	3◇	不叫
3♡	不叫	4♠	全不叫

3◇是伯根加叫，表示四张将牌支持，10 ～ 12 点。

3♡是成局试探。这是一般性质的成局试探，因为 3♡是 3◇与 3♠ 之间的唯一叫品。

东家持有非常好的控制（◇A，♣A 和♠K），并且有 12 点以及一个双张，选择成局是理所当然的。

牌例 9 东西有局

北发牌

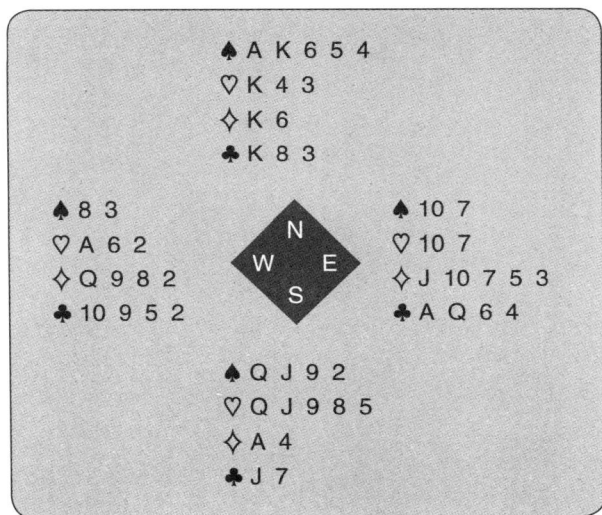

```
                    ♠ A K 6 5 4
                    ♡ K 4 3
                    ♦ K 6
                    ♣ K 8 3
  ♠ 8 3                              ♠ 10 7
  ♡ A 6 2              N             ♡ 10 7
  ♦ Q 9 8 2         W     E          ♦ J 10 7 5 3
  ♣ 10 9 5 2           S             ♣ A Q 6 4
                    ♠ Q J 9 2
                    ♡ Q J 9 8 5
                    ♦ A 4
                    ♣ J 7
```

西	北	东	南
	1♠	不叫	3♦
不叫	4♠	全不叫	

3♦是伯根加叫，表示四张将牌支持，10～12 点。

北家有足够的实力进局，直接跳叫 4♠。

牌例 10 双方有局

东发牌

♠ 7 4
♡ Q 10 9 6
◇ 10 9 8 7 6
♣ K 5

♠ 10 9 8 2   ♠ A K Q 5 3
♡ A 8 5   ♡ K 3
◇ J 5   ◇ A K Q 3 2
♣ Q J 10 6   ♣ 4

♠ J 6
♡ J 7 4 2
◇ 4
♣ A 9 8 7 3 2

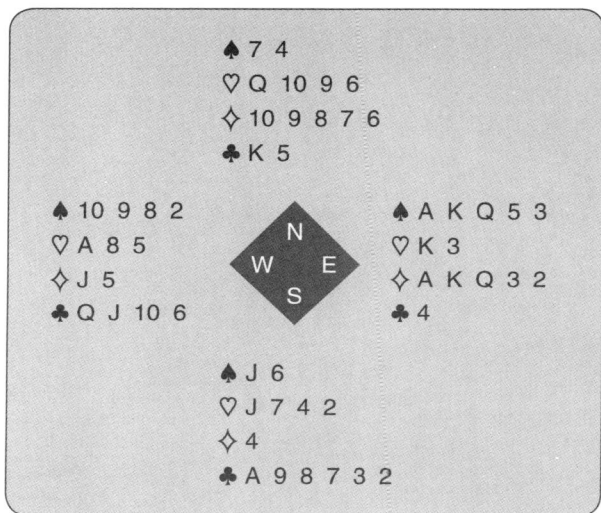

西	北	东	南
		1♠	不叫
3♣	不叫	3◇	不叫
3♠	不叫	4◇	不叫
4♡	不叫	6♠	全不叫

3♣是伯根加叫，表示四张将牌支持，6～9点。

3◇为帮张邀叫。

3♠表示拒绝，因为西家在方块上没有好的帮助。

4◇澄清之前的叫品并非进局邀请，而是满贯兴趣！

4♡扣叫表示♡A。

6♠由于同伴持有♡A，愿意尝试满贯。

牌例 11 双方无局

南发牌

♠ 10 8 3 2
♡ Q 8 2
♢ K 9 5
♣ K Q 7

♠ J 9 7　　　　　　　　♠ A
♡ K J 9 7 3　　　　　　♡ A 10 5 4
♢ J 10　　　　　　　　♢ Q 7 4 3
♣ 10 9 8　　　　　　　♣ 6 4 3 2

♠ K Q 6 5 4
♡ 6
♢ A 8 6 2
♣ A J 5

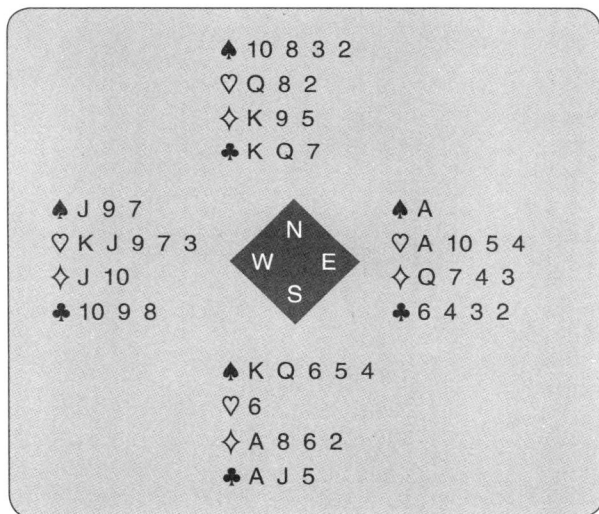

西	北	东	南
			1♠
不叫	3♢	不叫	4♠
全不叫			

3♢是伯根加叫，表示四张将牌支持，10 ～ 12 点。

南家有足够的实力进局，直接跳叫 4♠。

牌例 12 南北有局

西发牌

```
              ♠ K Q 9 5
              ♡ 9 6
              ◇ Q 5 2
              ♣ Q 10 6 3

♠ A 6                      ♠ J 7 3 2
♡ K Q 10 5 2    N          ♡ A J 8 7
◇ K J 9       W   E        ◇ 8 6 4
♣ 9 5 4         S          ♣ K J

              ♠ 10 8 4
              ♡ 4 3
              ◇ A 10 7 3
              ♣ A 8 7 2
```

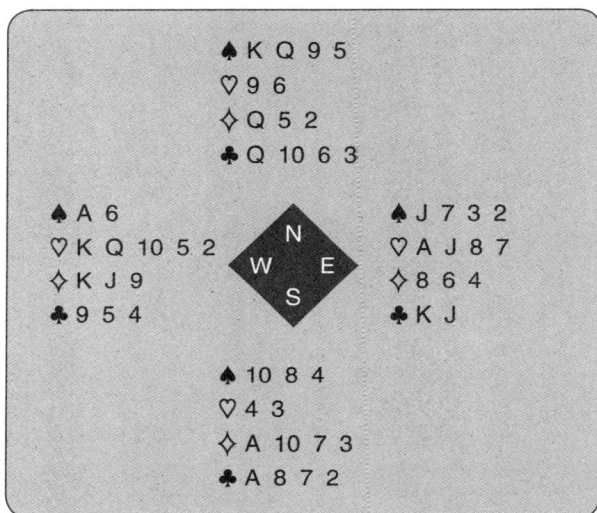

西	北	东	南
1♡	不叫	3◇	不叫
3♡	全不叫		

3◇是伯根加叫，表示四张将牌支持，10 ～ 12 点。

西家是低限均型牌，只能再叫 3♡示弱。

帮张邀叫

设计帮张邀叫的初衷是探查你**与同伴是否有良好的配合**，从而在下列情况下成局：

- 联手牌力处于成局的低限（大约 23 ～ 24 点）；
- 联手有获取充足赢墩的潜力。

通常来说，如果你知道联手有 25 ～ 26 点，你就可以简单进局。

开叫人，应叫人，争叫人或者争叫人的同伴都可以使用帮张邀叫。使用帮张邀叫的唯一要求是你与同伴叫过并且加叫过一门高花，而且没有达到成局水平。**一旦你方找到高花配合——这门高花肯定是你方的最终定约**。剩下的事就是确定你方应该叫到几阶。

帮张邀叫最频繁出现于开叫人与应叫人之间，我们首先来看这种情况。

帮张邀叫就是首先叫最低阶的三张（或者更长）套花色，以此表示这门花色需要帮助。在下面的例子中，同伴在开叫 1♡ 后加叫 2♡：

♠ 105　　♡ AK432　　♢ Q1075　　♣ AK

- 开叫人知道联手非常接近成局的实力（22 ～ 25 点）；
- 开叫人在黑桃上不需要帮助（只有双张,因而很快就可以将吃）;
- 开叫人在梅花上不需要帮助，因为他在这门花色上有很强的实力（两张大牌）；
- 开叫人在方块上需要帮助，因为有三个（甚至四个）潜在输墩。

当开叫人再叫新花色后，并不意味着他准备以此花色作为将牌，而是探查应叫人是否与自己的持牌有很好的配合。（注意：**位于同伴长套上的牌点要比位于短套的牌点更有价值**。在上述牌例中，如果应叫人有♠K，能否吃到一墩取决于♠A 的位置。如果应叫人有♢K，它至少可以提供一墩，而且可以帮助同伴在方块上建立更多的赢墩。）

开叫人询问应叫人是否可以在这门花色提供帮助——有大牌

可以显著减少这门花色的输墩或者增加赢墩。记住，**如果开叫人越过一门花色，他就表示这门花色不需要帮助。**

帮张的定义如下：

- 任意张数带 A；
- 任意张数带 K；
- 两张带 Q；
- 任意张数带 QJ；
- 单缺（需要帮助的花色）以及四张以上将牌。

如果应叫人对这门花色有帮助，就再叫已经配合的高花成局。**（如果需要帮助的花色是未叫过的高花，我们还有另外的处理方式，将在后文中讲述。）**

如果应叫人在这门花色没有帮助，他有以下两种选择：

如果有低限牌力，叫回最经济的已经配合的高花：

如果在将牌之下有一门花色点力集中，应叫人可以再叫这门花色，这个叫品表示，"我对你的需要帮助的花色没有配合，但我在这门花色点力集中。这是否对你有帮助？"这种用法称之为**反邀叫**。集中的点力是 AQ，AK，KQ，KQJ，KQ10，AJ10 甚至 KJ10。如果持 KJ10 进行反邀叫，你需要非常好的一手牌。

记住：使用帮张邀叫必须在你与同伴开叫并且加叫过一门高花之后，而且后续的叫牌没有达到成局水平。

例 1：

北　　南

1♠　　2♠

3♣　　?

3♣询问南家是否在梅花上有帮助，从而联手可以成局。北家或许持这样一手牌：

♠ AK542　　♡ AJ53　　♢ 4　　♣ K86

如果再叫4♠进局，南家需要持这样一手牌（梅花是双张♣Q）：

♠ Q76　　♡ Q72　　♢ 98732　　♣ Q5

如果南家以3♠示弱，则表示梅花没有大牌，而且也不是单张梅花以及四张以上将牌。

♠ Q763　　♡ K84　　♢ K65　　♣ J75

记住：同伴没有以方块或者红心进行帮张邀叫，而且你在这两门花色上也没有集中的点力，所以这些花色上的大牌价值有所降低。

- -

例 2：

北　　南

1♡　　2♡

3♢　　?

3♢询问南家是否在方块上有很好的配合，从而联手得以成局。北家可能持如下这手牌：

♠ AK4　　♡ AQ973　　♢ A64　　♣ 82

南家需要这样的牌才可以再叫4♡（记住有4张将牌以及需要帮助的花色是单张可以满足要求）：

♠ 7632　　♡ K865　　♢ 8　　♣ K976

如果南家持下列牌（没有方块大牌，也没有四张将牌以及单缺），他应该简单回到最经济的将牌花色（红心）：

♠Q63　　♡K86　　◇875　　♣QJ97

例3（反邀叫）

北　南

1♠　2♠

3♣　？

3♣询问南家是否在梅花上有帮助，从而使得联手可以做成4♠。北家的持牌可能如下所示：

♠AK542　　♡A753　　◇4　　♣K86

如果南家以3◇反邀叫，他不需要在梅花有帮助，但需要在方块上有集中的点力：

♠Q76　　♡9862　　◇AK73　　♣75

由于方块是单张，北家不希望同伴的点力集中在方块上，于是再叫3♠——简单回到最经济的将牌花色。

如果以3♡反邀叫，南家不需要在梅花上有帮助，也不需要方块上有集中的点力，但必须在红心上点力集中（如下所示）。北家非常高兴地听到同伴的红心反邀叫，于是再叫4♠进局。

♠Q763　　♡KQ104　　◇53　　♣875

例4：（这是在有帮张情况下没有简单进局的例外情况）

北　南

1♡　2♡

2♠　？

2♠询问南家是否在黑桃上有配合，从而联手得以完成4♡。北家可能持这样一手牌：

♠ J754　　♡ AQ973　　♢ AQ　　♣ K2

或者

♠ J74　　♡ AQ973　　♢ AQ　　♣ K32

我们知道 4 － 4 配合的高花优于 5 － 3 或者 6 － 2 配合，有些情况下甚至强于九张配合。帮张邀叫给你方提供了找到 4 － 4 配合的机会。如果南家在黑桃上有帮助并且有 4 张或者更多的张数，南家应该再叫 3♠，类似下面这样的牌：

♠ AQ32　　♡ K85　　♢ 8752　　♣ 76

在南家再叫 3♠ 之后：

· 持 A 牌，由于有 4 张黑桃，北家再叫 4♠；

· 持 B 牌，因为没有 4 张黑桃，北家再叫 4♡。

例 5：

北　南

1♠　3♢（伯根加叫）

4♢　？

4♢ 不是帮张邀叫。一旦北家越过了三阶将牌花色，联手就已经注定进局。4♢ 是扣叫，显示方块第一轮控制并且是满贯试探……并非成局试探。

例 6：

北　南

1♡　1♠

2♣　？

2♣ 不是帮张邀叫。南北双方并没有叫过并且加叫过一门高花。

2♣简单表示北家的第二套。

补充要点

下列情况帮张邀叫同样适用：

• 应叫人；

• 争叫人或者争叫人的同伴；

• 试探满贯。

目前局势下的使用条件与前文一致：你方叫过而且加叫过一门高花，并且叫牌没有达到成局水平。

• 如果同伴有帮助，直接跳叫你的高花进局。记住，如果帮张邀叫的花色是未叫过的高花，同伴有帮助且在这门花色上有四张或者更长，他将加叫这门花色。

• 如果没有帮助，同伴还有以下两种选择：

持低限牌，简单叫回最经济的将牌花色；

持一手好牌，他可以再叫新花色（这门花色必须低于将牌），这叫品表示："我对你的花色没有帮助，但我所叫的花色有集中的点力，这是否对你有帮助？"

- -

例 7：

北　　南

1♣　1♠

2♠　3◇

3◇是南家询问北家是否对这门花色有帮助，从而使联手可以叫到4♠。北家持下列牌可以再叫4♠：

♠ KQ76　　　♡ K54　　　♢ K52　　　♣ A32

- -

例 8：（利用帮张邀叫进行满贯试探）

北　　南

1♡　　2♡

2♠　　3♡

4♣

北家的 2♠询问南家是否在黑桃上有帮助，从而使联手可以完成 4♡。南家对黑桃没有帮助，于是 3♡止叫。当北家再叫 4♣（显示梅花第一轮控制的扣叫），他传递的信息是：我的牌还没有强大到使用黑木问叫，但也不满足于简单成局。通常来说北家持一手畸型牌，只要南家的持牌适合，就会产生大量的赢墩。南家应当扣叫自己持有的边花 A。如果没有 A，就可以查看自己在红心、黑桃和梅花上的大牌，估量它们是否对开叫人的牌有帮助。单张、额外的将牌长度、A、K 以及 KQ 连接张都是南家的增值因素。

- -

例 9：

北　　南

1♠　　2♠

3♠

3♠不是进局试探，而是表示一手弱牌但有额外的黑桃长度。北家希望抬高叫牌阶数以便阻止敌方参与叫牌。

记住，如果北家有进局兴趣，他应该再叫新花色。

- -

例 10：（争叫人使用帮张邀叫）

北	东	南	西
1♡	1♠	不叫	2♠
不叫	3♡		

3♡为帮张邀叫，需要同伴在红心上有帮助。

例11：（争叫人的同伴使用帮张邀叫）

北	东	南	西
1♣	1♡	不叫	1♠
不叫	2♠	不叫	3♣

3♣为帮张邀叫，需要同伴在梅花上有帮助。

牌例 1 双方无局

北发牌

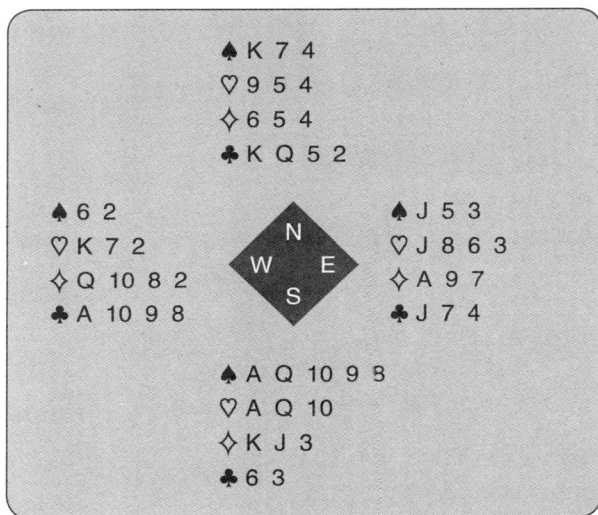

```
                    ♠ K 7 4
                    ♡ 9 5 4
                    ♢ 6 5 4
                    ♣ K Q 5 2
    ♠ 6 2                          ♠ J 5 3
    ♡ K 7 2            N           ♡ J 8 6 3
    ♢ Q 10 8 2      W   E         ♢ A 9 7
    ♣ A 10 9 8        S            ♣ J 7 4
                    ♠ A Q 10 9 8
                    ♡ A Q 10
                    ♢ K J 3
                    ♣ 6 3
```

西	北	东	南
	不叫	不叫	1♠
不叫	2♠	不叫	3♢
不叫	3♠	全不叫	

南北方叫过且加叫过一门高花，而且叫牌没有达到成局水平。

3♢＝帮张邀叫。南家询问北家是否在方块上有♢A，♢K，♢QJ，♢Q×或者单张方块且四张以上将牌。如果是上述情况之一，北家就应该进局。

如果没有帮助，北家简单叫回最经济的将牌花色—3♠。

3♠＝我对方块没有帮助并且在红心上也没有集中的点力。

记住：北家不能显示梅花上的集中点力，因为显示梅花特征必须在四阶，而由此联手将被迫进局。

牌例 2 南北有局

东发牌

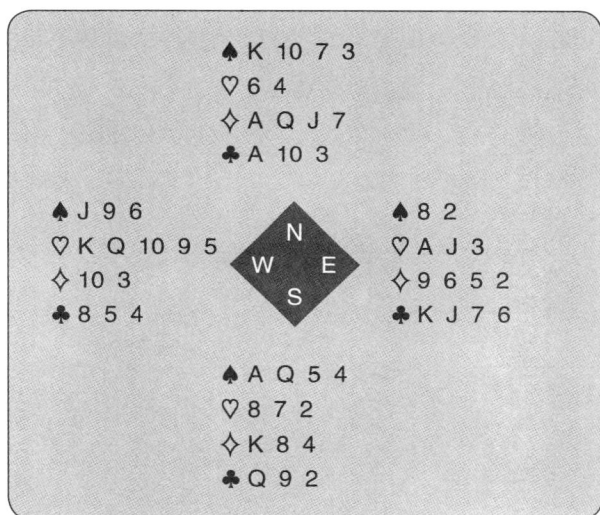

```
                    ♠ K 10 7 3
                    ♡ 6 4
                    ♢ A Q J 7
                    ♣ A 10 3

♠ J 9 6              N            ♠ 8 2
♡ K Q 10 9 5    W        E       ♡ A J 3
♢ 10 3              S            ♢ 9 6 5 2
♣ 8 5 4                          ♣ K J 7 6

                    ♠ A Q 5 4
                    ♡ 8 7 2
                    ♢ K 8 4
                    ♣ Q 9 2
```

西	北	东	南
		不叫	不叫
不叫	1 ♢	不叫	1 ♠
不叫	2 ♠	不叫	3 ♣
不叫	4 ♠	全不叫	

南北方叫过且加叫过一门高花，而且叫牌没有达到成局水平。

3 ♣ ＝帮张邀叫。南家询问北家是否有♣A，♣K，♣QJ，♣Q× 或者单张梅花且 4 张以上将牌。如果是上述情况之一，北家就应该进局。如果没有帮助，北家简单叫回最经济的将牌花色——3 ♠。

4 ♠ ＝我在梅花上有帮助。

牌例 3 东西有局

南发牌

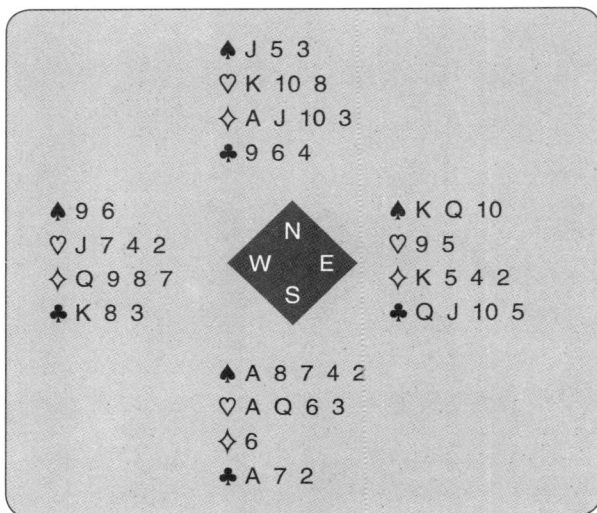

西	北	东	南
			1♠
不叫	2♠	不叫	3♣
不叫	3♢	不叫	3♠
全不叫			

南北方叫过且加叫过一门高花，而且叫牌没有达到成局水平。

3♣＝帮张邀叫。南家询问北家是否有♣A，♣K，♣QJ，♣Q× 或者单张梅花且 4 张以上将牌。如果是上述情况之一，北家就应该进局。如果没有帮助，北家可以再叫 3♢作为反邀叫。

3♢＝"我对梅花没有帮助，但我在方块上有集中的点力，这是否对你有帮助？"

3♠＝方块上集中的点力对我没有帮助。

牌例 4 双方有局

西发牌

```
                    ♠ K J 8 5
                    ♡ Q 5 4 3
                    ♦ 10 8 6 2
                    ♣ J

  ♠ A 9 7 2               N           ♠ 6 4 3
  ♡ 9 8              W         E      ♡ J 10
  ♦ K 9 5                S            ♦ A Q J 7 4
  ♣ K 9 7 2                           ♣ Q 8 6

                    ♠ Q 10
                    ♡ A K 7 6 2
                    ♦ 3
                    ♣ A 10 5 4 3
```

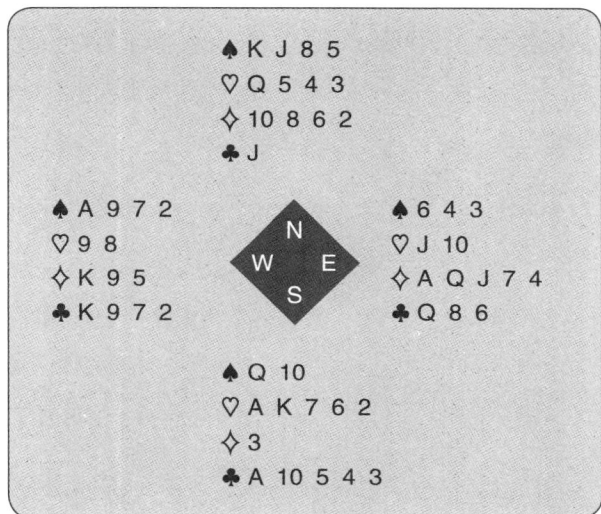

西	北	东	南
不叫	不叫	不叫	1 ♡
不叫	2 ♡	不叫	3 ♣
不叫	4 ♡	全不叫	

南北方叫过且加叫过一门高花，而且叫牌没有达到成局水平。

3 ♣＝帮张邀叫。南家询问北家是否有♣A，♣K，♣QJ，♣Q× 或者单张梅花且 4 张以上将牌。如果是上述情况之一，北家就应该进局。如果没有帮助，北家简单叫回最经济的将牌花色——3 ♡。

4 ♡＝我在梅花上有帮助。

牌例 5 南北有局

北发牌

```
                    ♠ A 6 3
                    ♡ K 10 8 6
                    ♢ 8 5
                    ♣ 6 5 3 2

    ♠ J 2                       ♠ Q 10 4
    ♡ 5 2              N        ♡ 9 7 3
    ♢ A K J 9 4 2   W     E     ♢ Q 10 6
    ♣ J 10 4           S        ♣ K 9 8 7

                    ♠ K 9 8 7 5
                    ♡ A Q J 4
                    ♢ 7 3
                    ♣ A Q
```

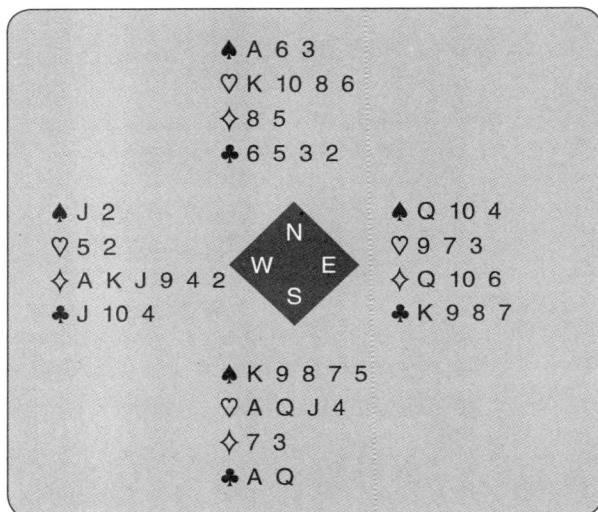

西	北	东	南
	不叫	不叫	1♠
2♢	2♠	3♢	3♡
不叫	4♡	全不叫	

南北方叫过且加叫过一门高花，而且叫牌没有达到成局水平。

3♡＝帮张邀叫。南家询问北家是否有♡A，♡K，♡QJ，♡Q× 或者单张红心且四张以上将牌。如果是上述情况之一，北家就应该进局。如果没有帮助，北家简单叫回最经济的将牌花色——3♠。

4♡＝我在黑桃上有帮助并且有四张红心。尽管南家的帮张邀叫可能只有三张红心，北家仍然可以再叫 4♡以防南家持四张红心。由于绝大多数情况下，4－4配合的将牌要比 5－3配合的将牌多一个赢墩，南家多半会在 4♡后不叫（有四张红心），而不会修改回 4♠。

牌例 6 东西有局

东发牌

```
                    ♠ 10 7 4
                    ♡ K 5 4 2
                    ♦ 6 5 4
                    ♣ Q J 2

  ♠ J 5                              ♠ 6 3 2
  ♡ J 8 6          N                 ♡ A Q 9 7
  ♦ 10 9       W       E             ♦ A 8 2
  ♣ K 7 6 5 4 3        S             ♣ 10 9 8

                    ♠ A K Q 9 8
                    ♡ 10 3
                    ♦ K Q J 7 3
                    ♣ A
```

西	北	东	南
		不叫	1♠
不叫	2♠	不叫	3♦
不叫	3♠	不叫	4♣
不叫	4♠	全不叫	

南北方叫过且加叫过一门高花，而且叫牌没有达到成局水平。

3♦＝帮张邀叫。南家询问北家是否有♦A，♦K，♦QJ，♦Q×或者单张方块且4张以上将牌。如果是上述情况之一，北家就应该进局。如果没有帮助，北家简单叫回最经济的将牌花色——3♠。

4♣＝扣叫♣A，南家显示一手不满足于成局的好牌，但也没有强大到直接使用黑木问叫。

4♠＝我的牌对南家没有帮助。只有三张将牌，没有方块帮助而且没有A，只能再叫4♠示弱。

牌例 7 双方有局

南发牌

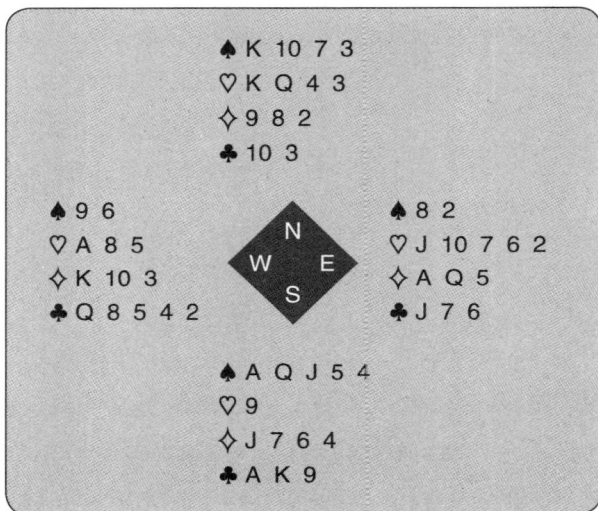

```
              ♠ K 10 7 3
              ♡ K Q 4 3
              ♢ 9 8 2
              ♣ 10 3

   ♠ 9 6                        ♠ 8 2
   ♡ A 8 5          N           ♡ J 10 7 6 2
   ♢ K 10 3      W     E        ♢ A Q 5
   ♣ Q 8 5 4 2      S           ♣ J 7 6

              ♠ A Q J 5 4
              ♡ 9
              ♢ J 7 6 4
              ♣ A K 9
```

西	北	东	南
			1♠
不叫	2♠	不叫	3♢
不叫	3♡	不叫	3♠
全不叫			

南北方叫过且加叫过一门高花，而且叫牌没有达到成局水平。

3♢＝帮张邀叫。南家询问北家是否有♢A，♢K，♢QJ，♢Q×或者单张方块且 4 张以上将牌。

3♡＝我对方块没有帮助，但在红心上有集中的点力。

3♠＝红心的集中点力对南家的牌没有帮助。

牌例 8 双方无局

西发牌

```
                  ♠ A 8 6
                  ♡ J 8 7 3
                  ♢ J 6 3
                  ♣ K 3 2

  ♠ 10 7 5              N          ♠ J 4
  ♡ K 4 2          W       E       ♡ A Q 10 9 5
  ♢ K 10 9 8 7         S          ♢ Q 5 4
  ♣ 7 6                           ♣ A 5 4

                  ♠ K Q 9 3 2
                  ♡ 6
                  ♢ A 2
                  ♣ Q J 10 9 8
```

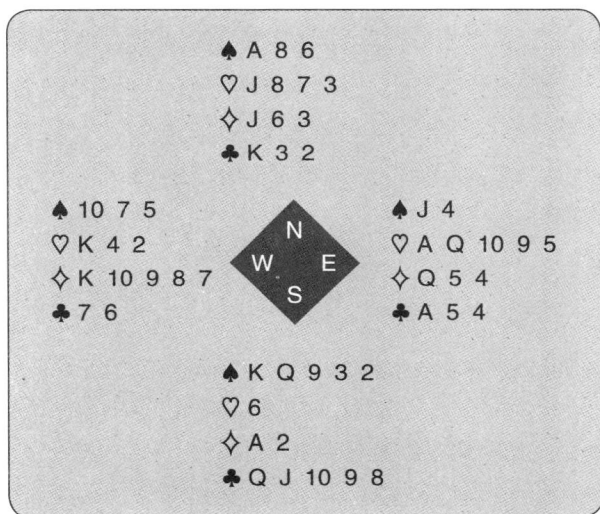

西	北	东	南
不叫	不叫	1♡	1♠
2♡	2♠	不叫	3♣
不叫	4♠	全不叫	

南北方叫过且加叫过一门高花，而且叫牌没有达到成局水平。

3♣＝帮张邀叫。南家询问北家是否有♣A，♣K，♣QJ，♣Q× 或者单张梅花且四张以上将牌。

4♠＝我在梅花上有帮助。

牌例 9 东西有局

北发牌

```
                        ♠ 9 2
                        ♡ K Q 8 6
                        ♢ J 8 5 2
                        ♣ A K 9

♠ Q J 10 7 6            N              ♠ K 8 5 3
♡ 2                   W   E            ♡ 5 4 3
♢ A 3                   S              ♢ K 10 9
♣ 10 7 5 4 3                           ♣ Q J 2

                        ♠ A 4
                        ♡ A J 10 9 7
                        ♢ Q 7 6 4
                        ♣ 8 6
```

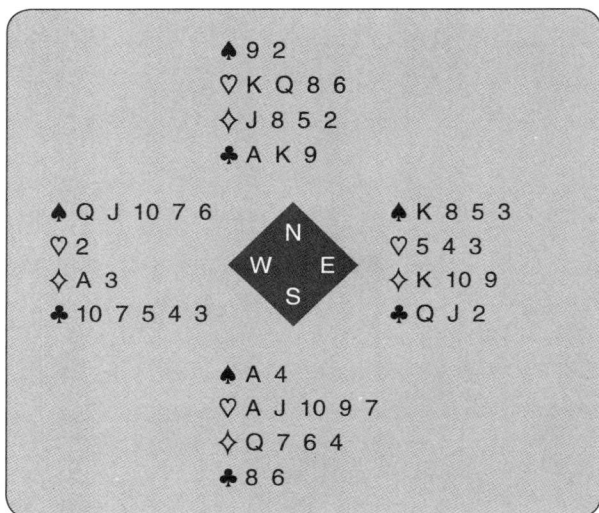

西	北	东	南
	1♢	不叫	1♡
不叫	2♡	不叫	3♢
不叫	3♡	全不叫	

南北方叫过且加叫过一门高花，而且叫牌没有达到成局水平。

3♢＝帮张邀叫。南家询问北家是否有♢A，♢K，♢QJ，♢Q× 或者单张方块且 4 张以上将牌。

3♡＝我对方块没有帮助。

牌例 10 双方有局

东发牌

```
                    ♠ A J 10 3
                    ♡ J 10 8 6 3
                    ♢ 5
                    ♣ 6 5 3

    ♠ 2                              ♠ 6 4
    ♡ 9 2              N             ♡ K 7 5 4
    ♢ K J 9 7 4    W     E           ♢ A Q 10 2
    ♣ Q 10 9 8 4      S              ♣ K 7 2

                    ♠ K Q 9 8 7 5
                    ♡ A Q
                    ♢ 8 6 3
                    ♣ A J
```

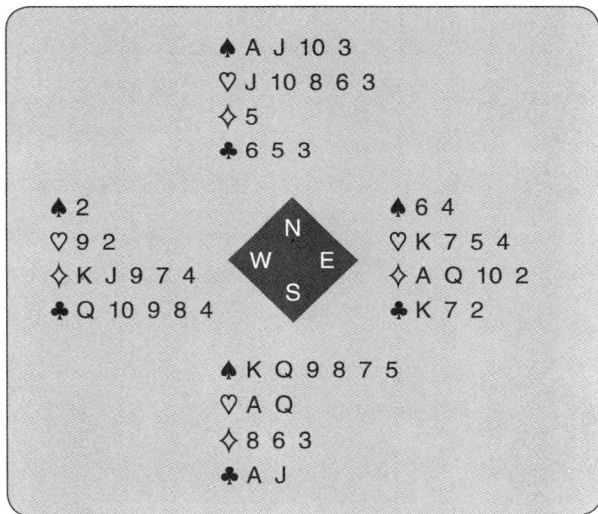

西	北	东	南
			1♢	1♠
2♢	2♠	不叫	3♢
不叫	4♠	全不叫	

南北方叫过且加叫过一门高花，而且叫牌没有达到成局水平。

3♢＝帮张邀叫。南家询问北家是否有♢A，♢K，♢QJ，♢Q×或者单张方块以及四张以上将牌。

由于方块单张且有四张将牌，北家再叫4♠进局。

4♠＝我对方块有帮助，我可以将吃方块输墩。

牌例 11 双方无局

南发牌

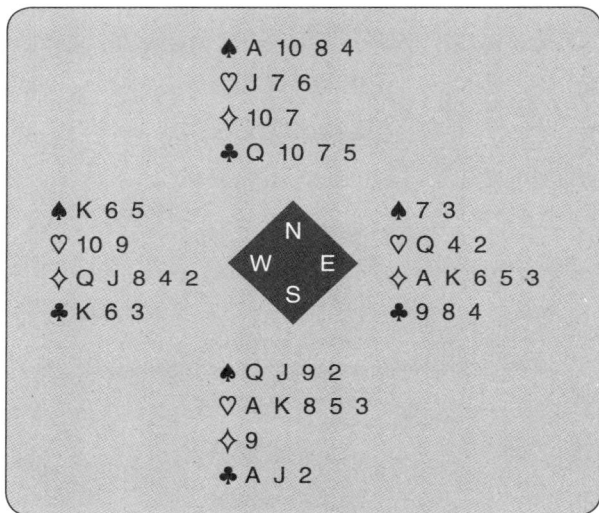

	西	北	东	南
				1 ♡
	不叫	2 ♡	不叫	2 ♠
	不叫	3 ♠	不叫	4 ♠
	全不叫			

南北方叫过且加叫过一门高花，而且叫牌没有达到成局水平。

2♠＝帮张邀叫。南家询问北家是否有♠A，♠K，♠QJ，♠Q× 或者单张黑桃且四张以上将牌。

如果是上述情况之一，北家就应该进局。如果没有帮助，北家简单叫回最经济的将牌花色——3♡。

3♠＝北家不仅对黑桃有帮助，而且在这门花色有四张。即便南家的帮张邀叫可能只有三张黑桃，北家仍然保留了南家有四张黑桃时再叫 4♠ 的机会。由于绝大多数情况下 4 － 4 配合的将牌要比 5 － 3 配合多一个赢墩，南家肯定选择 4♠ 而不是 4♡。

注意：北家不能直接叫 4♠，因为这样的叫牌已经超过了 4♡。当进行反邀叫或者探查 4 － 4 配合的将牌时，一定确保叫牌没有超过配合高花的成局水平。

牌例 12 南北有局

西发牌

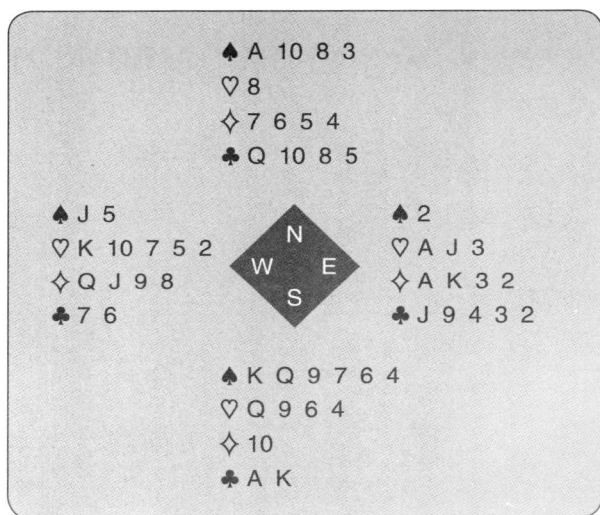

```
              ♠ A 10 8 3
              ♡ 8
              ◇ 7 6 5 4
              ♣ Q 10 8 5

  ♠ J 5              N          ♠ 2
  ♡ K 10 7 5 2   W     E       ♡ A J 3
  ◇ Q J 9 8         S          ◇ A K 3 2
  ♣ 7 6                        ♣ J 9 4 3 2

              ♠ K Q 9 7 6 4
              ♡ Q 9 6 4
              ◇ 10
              ♣ A K
```

西	北	东	南
不叫	不叫	1◇	1♠
加倍	2♠	不叫	3♡
不叫	4♠	全不叫	

南北方叫过且加叫过一门高花，而且叫牌没有达到成局水平。

3♡＝帮张邀叫。南家询问北家是否有♡A，♡K，♡QJ，♡Q×或者单张红心且四张以上将牌。

4♠＝我对红心有帮助（单张红心且四张将牌）。

斯普林特

当你知道联手有成局的实力，对同伴的高花有配合并且边花有短套时，你可以使用斯普林特叫品。设计这个叫品是为了告知同伴你在哪门花色是短套（单张或者缺门）。

使用斯普林特的前提是，同伴在这门花色有长度并且很弱，于是你的大牌点将位于同伴的长套，而你的将牌可以发挥将吃输墩的作用。

牌例：

北：♠ K7　♡ KQJ432　♢ A5　♣ 432

南：♠ A432　♡ A1096　♢ K432　♣ 5

北家有 13 点，南家有 11 点。虽然联手只有 24 个大牌点，但南北方可以完成 6♡ 定约。原因在于南家只有一张梅花，可以将吃北家的梅花输墩。这就使北家可以得到两墩黑桃，六墩红心，通过南家将吃梅花得到两墩将牌，此外还有两墩方块，一共 12 墩。我将这种现象称之为"30 牌点理论"。简单地说，你"失去"或者忘记梅花上的 10 个大牌点，它们现在已经与整手牌无关，因为在失掉一墩梅花后，南家可以将吃剩下的梅花输墩。

尽管绝大多数斯普林特都是由应叫人使用，但这个叫品同样适用于开叫人，争叫人或者争叫人的同伴。高花或者低花配合时都可以使用斯普林特，但是高花配合时使用这个叫品更为常见。目前我建议你仅在高花配合后使用，直到你熟练掌握之后，方可扩展到低花配合。

无论何时何方使用斯普林特，下列条件都是成立的（迷你斯普林特是例外，我们将在后文中讨论）：

- 斯普林特是任何阶将牌花色后双跳另外一个花色，并且显示：
  - 有充足的大牌点或者赢墩来源，因而可以成局；
  - 有四张以上将牌；
  - 跳叫花色是单张或者缺门（不能是 A 或 K）。

- 已经做过不叫的一方同样可以使用斯普林特；
- 斯普林特是进局逼叫，同时邀请同伴在联手有极佳配合时试探满贯；
- 你可以在同伴或者争叫人叫过的花色上使用斯普林特。

在同伴做斯普林特后我应该怎么办？

斯普林特揭示联手的配合情况，而不是联手有多少大牌点。对"我怎么办？"的一般性回答是：

- 如果认为联手有很好的配合，再叫新花色（扣叫）表示这门花色的第一轮控制（有 A）并且显示满贯兴趣，或者通过黑木问叫直接询问 A；
- 如果认为联手没有好的配合，再叫四阶配合的高花表示止叫。

如何判断联手是否有很好的配合？

最重要的一点是你在同伴的短套花色上是否有"浪费的点力"。浪费的点力指已经失去获取赢墩能力的大牌（K，Q 或 J）。有 J 并不是明显的警示信号，因为浪费的点力在你的开叫实力中只占一点。然而，如果原本你只有 12 点的开叫实力，而同伴的短套上你还有 K……哎呦！现在你的牌力只相当于 9 点。简单地说，减去同伴短套上的大牌点。如果剩下的牌点较少，达不到合格的开叫实力，那么你就要小心了。

如果没有浪费的点力，计算联手的赢墩数量。假设同伴的大牌位于你的长套，联手获取赢墩的能力就将大幅提升，很有可能得到 12 墩或者 13 墩。

我们来看以下两个牌例：

例 1

北　　南

1♡　4♣—斯普林特

北：♠AK4　♡KQJ42　♢KJ　♣732

南：♠Q53　♡A1095　♢A6543　♣4

南北方可以完成红心小满贯。联手输掉一墩梅花，但在敌方调将牌之前，可以轻松将吃两次北家的梅花输墩。在本例中北家可以使用黑木问叫，因为他已经看到所缺的点力是♠QJ，♡A以及♢AQ。共计13点，而我们知道在上述进程中，同伴的点力范围是10～13点。即便同伴只有10点，他依然可能有♡A和♢A。在南家答叫两个A后，北家轻松跳叫6♡。

例 2

北　　南

1♡　4♣—斯普林特

北：♠K74　♡KQJ42　♢KJ　♣K32

南：♠Q53　♡A10 95　♢A6543　♣4

我只改变了一张牌——将♠A换成♣K。大牌实力上北家只减少了一点，但南北方获取赢墩的能力却有天壤之别。联手将输掉一墩梅花，至少输掉一墩黑桃，而且很可能是两墩。将一张大牌置换到同伴的短套上，联手的实力有了极大的变化。在本例中北家的下一个叫品是4♡（止叫），因为他已经看到黑桃、红心和方块中上所缺的点力是♠AQJ，♡A以及♢AQ。总计17点，而我们知道同伴只有10～13点。叫到更高的阶数有极大的风险。

同伴开叫高花后的斯普林特

这种最常见的斯普林特表示四张以上将牌支持，10～13点，某个花色是单缺（单张或者缺门）。通过双跳短套单缺花色，你显示短套花色所在。例如：

同伴开叫 1♠：4♣，4◇ 和 4♡ 都是斯普林特。

在任何情况下，二阶新花色都是自然叫，10点以上；三阶跳叫新花色是自然叫，强牌。截至目前，在四阶跳叫新花色没有任何定义。这是为数不多的情况——一个叫品你可以获得新的用法，而无需放弃原有的含意。

同伴开叫 1♡：4♣，4◇ 和 3♠ 都是斯普林特。

同伴开叫红心后，你必须记住一阶应叫黑桃表示 6 点以上的自然叫。二阶应叫黑桃表示自然叫而且是强牌。考虑到上述情况，黑桃的双跳发生在三阶。四阶应叫黑桃已经迫使同伴必须在五阶再叫红心……这肯定是你不愿意看到的局面。由于这是唯一发生在三阶的斯普林特叫品，因而非常容易遗忘，但相信这种事情至多发生一次！

迷你斯普林特

有一种斯普林特称之为"迷你斯普林特",也就是应叫人已经做过不叫,同伴这个叫品显示四张以上将牌支持,9～11点,所叫花色是单张或者缺门。

•同伴开叫1♠：3♣、3♦和3♡都是斯普林特。

•同伴开叫1♡：3♣、3♦和2♠都是斯普林特。

虽然这些叫品并不常见,但如果遇到合适的时机,它们将成为非常有用的叫牌手段。

例如：

南　　北

不叫　　1♡

3♣—迷你斯普林特

北：♠AK4　♡KJ9432　♦K7　♣72

南：♠Q53　♡A1095　♦A6543　♣4

在上述牌例中,南家的梅花是短套而北家梅花上没有牌力,因而联手可以完成满贯。使用迷你斯普林特,他们很可能叫到满贯……尽管联手只有24个大牌点。

牌例 1 双方无局

北发牌

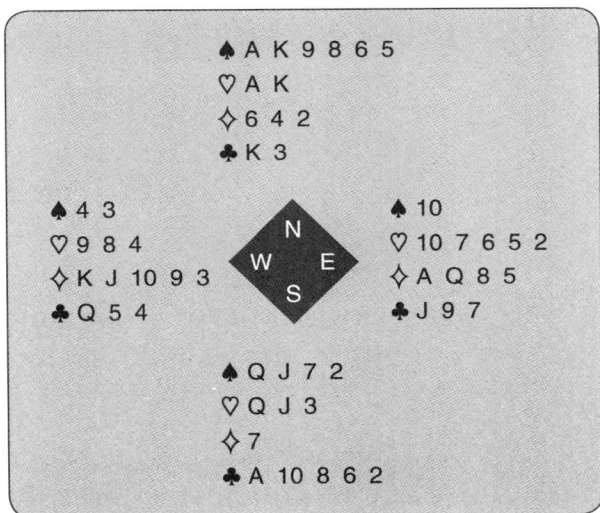

西	北	东	南
	1♠	不叫	4◇
不叫	4NT	不叫	5◇
不叫	6♠	全不叫	

4◇＝斯普林特，表示方块短套（0 或 1 张），四张以上黑桃支持以及 10 ～ 13 点。

4NT＝我非常喜欢你的方块是短套，如果你有一个 A 我就愿意打满贯。你有几个 A ？

5◇＝我有一个 A。

6♠＝我认为联手可以完成满贯。

牌例 2 南北有局

东发牌

```
                    ♠ 4 3
                    ♡ 9 8
                    ♢ K Q 9 8 3
                    ♣ 10 5 4 3

♠ J 9 7 2              N              ♠ A K Q 6 5
♡ K J 3          W         E          ♡ Q 10 7
♢ 7                   S              ♢ A 6 4
♣ A J 8 6 2                          ♣ K Q

                    ♠ 10 8
                    ♡ A 6 5 4 2
                    ♢ J 10 5 2
                    ♣ 9 7
```

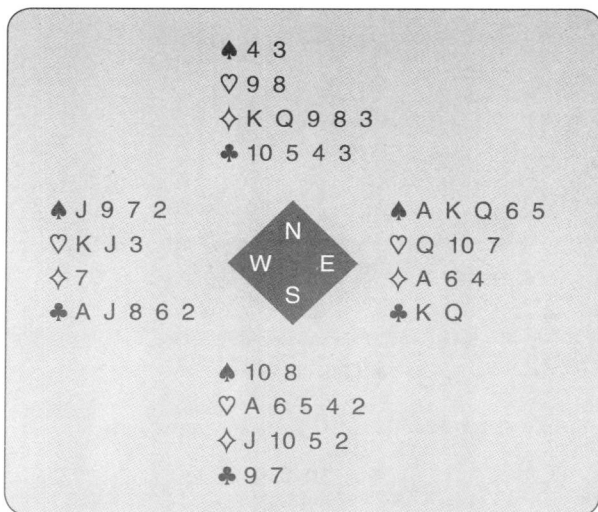

西	北	东	南
		1 ♠	不叫
4 ♢	不叫	5 ♢	不叫
6 ♣	不叫	6 ♠	全不叫

4 ♢ = 斯普林特，表示方块单缺（0 或 1 张），四张以上黑桃支持以及 10 ～ 13 点。

5 ♢ = 我非常喜欢你的短套方块而且我有 ♢ A，（记住，A 不是浪费的点力。）但我没有 ♡ A 和 ♣ A。记住，东家肯定会从最低阶的 A 开始扣叫。因此，当东家越过了 4 ♡ 和 5 ♣，就意味着他在这两门花色没有 A。

6 ♣ = 我有 ♣ A。在目前局势下，西家已经是最好的持牌。西家有第二轮红心控制并且还有边花五张套，而这可以成为赢墩来源。

6♠＝我认为联手可以完成满贯。

牌例 3 东西有局

南发牌

```
                    ♠ Q J 7 2
                    ♡ K 5 3
                    ◇ 7
                    ♣ A 9 8 6 2

    ♠ 10 8                          ♠ 4 3
    ♡ Q 6 4          N              ♡ 9 8 2
    ◇ Q J 8 5 4 2  W   E            ◇ A 10 9 3
    ♣ J 7            S              ♣ K Q 10 4

                    ♠ A K 9 6 5
                    ♡ A J 10 7
                    ◇ K 6
                    ♣ 5 3
```

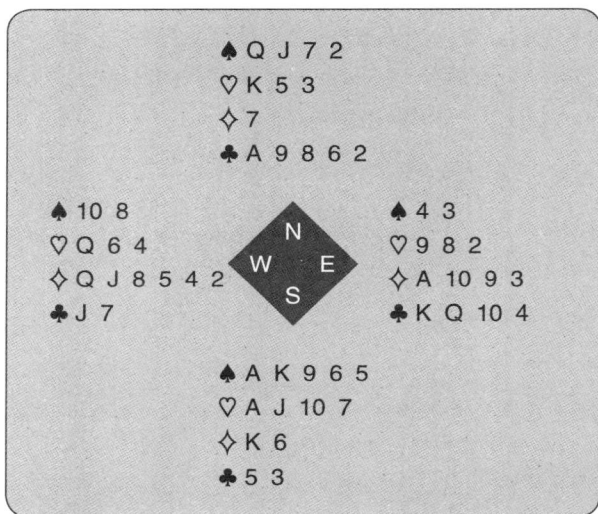

西	北	东	南
			1♠
不叫	4◇	不叫	4♠
全不叫			

4◇＝斯普林特，表示方块单缺（0 或 1 张），四张以上黑桃支持以及 10 ～ 13 点。

4♠＝我不喜欢你的短套方块，因为我在这门花色上有浪费的牌点（◇K）。我认为联手应该停在安全的成局定约。

牌例 4 双方有局

西发牌

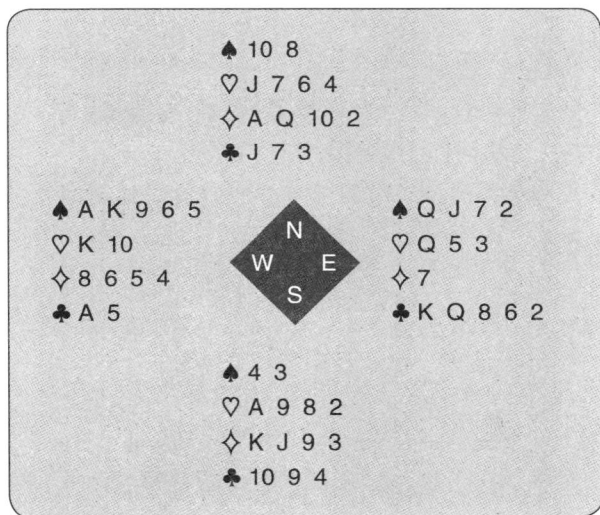

西	北	东	南
1♠	不叫	4♦	不叫
5♣	不叫	5♠	全不叫

4♦＝斯普林特，表示方块单缺（0 或 1 张），四张以上黑桃支持以及 10 ～ 13 点。

5♣＝我非常喜欢你的短套方块而且我有♣A。**记住，西家从最低的 A 开始扣叫。因而，西家越过 4♡就否认了这门花色的 A。**

5♠＝我同样没有♡A，联手应该安全地停在五阶。

开叫人（或争叫人）对同伴高花的斯普林特

在应叫人应叫高花后，开叫人同样可以使用斯普林特：

- 在应叫人的高花上有四张或更多的张数；
- 承诺 16 ～ 17$^+$ 点，如果应叫人的一阶应叫只承诺 6 点以上；
- 承诺 14 ～ 16 点，如果同伴在二阶应叫并且保证 10$^+$ 点；
- 开叫人双跳的花色是单张或者缺门（不能是 A 或 K）。（**记住，双跳的花色从同伴的应叫高花开始算起。**）

斯普林特是从同伴的应叫高花开始算起，双跳新花色表示所叫花色是单缺。

牌例：

北	南
1◇	1♠
?	

4♣，4◇以及 4♡都是支持黑桃的斯普林特。（显而易见，如果北家开叫 1◇，他就不可能持方块短套。与此类似，在开叫 1♣，也不会有再叫 4♣的情形。）

在任何情况下，开叫人再叫新花色表示：

- 二阶再叫是自然叫，12 ～ 17 点；
- 三阶再叫是自然叫，并且是跳叫新花色（逼叫进局）。

截至目前，四阶叫品没有任何定义。斯普林特面对同伴的低限 6 点显示逼叫进局的实力。开叫人承诺：

- 四张黑桃；
- 斯普林特的花色是单张或者缺门；
- 16$^+$ 点。

牌例 5 南北有局

北发牌

```
                    ♠ A Q 8 2
                    ♡ A K 6 5
                    ♢ K J 4 2
                    ♣ 2

    ♠ 10 3                          ♠ K 4
    ♡ Q 10 8            N           ♡ J 9 2
    ♢ Q 9 8 5      W       E        ♢ A 10 7 3
    ♣ Q J 8 4          S            ♣ 10 9 7 6

                    ♠ J 9 7 6 5
                    ♡ 7 4 3
                    ♢ 6
                    ♣ A K 5 3
```

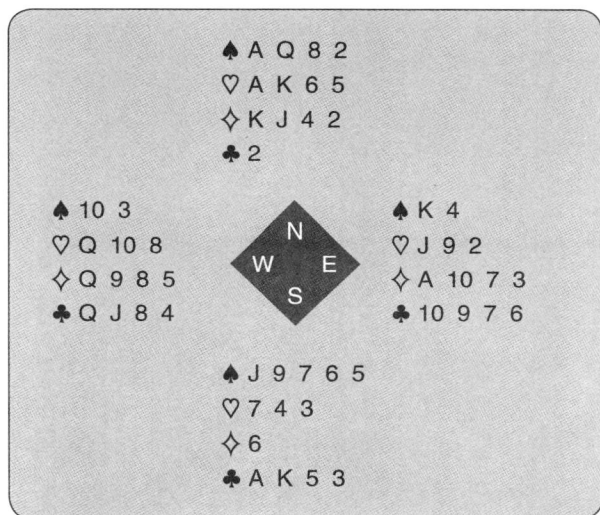

西	北	东	南
	1♢	不叫	1♠
不叫	4♣	不叫	4♠
全不叫			

4♣＝斯普林特，表示梅花单缺（0 或 1 张）以及逼叫进局的实力
（17⁺点或者相等的获取赢墩能力）。

4♠＝在梅花上有浪费的点力，我不希望叫得更高。

牌例 6 东西有局

东发牌

♠ J 8 6
♡ A 10 8 2
◇ K 10 3
♣ K 6 5

♠ A 9 4 2　　　　♠ K Q 10 7
♡ K J 4　　　　　♡ 9
◇ 9 6　　　　　　◇ A Q 5 2
♣ 10 8 3 2　　　　♣ A Q J 4

♠ 5 3
♡ Q 7 6 5 3
◇ J 8 7 4
♣ 9 7

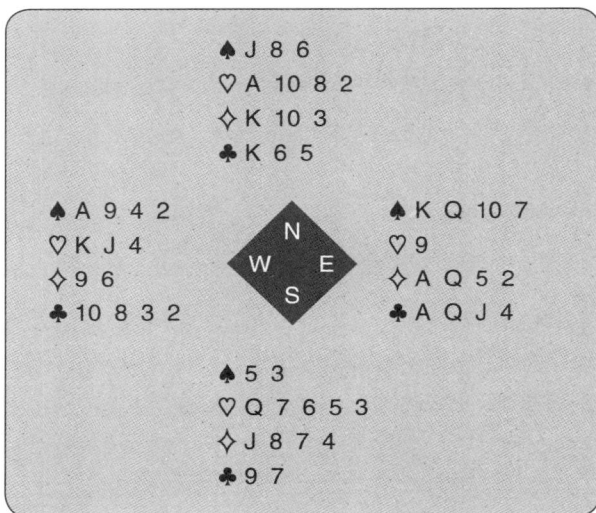

西	北	东	南
		1 ◇	不叫
1 ♠	不叫	4 ♡	不叫
4 ♠	全不叫		

4 ♡＝斯普林特，表示红心单缺（0 或 1 张）以及逼叫进局的实力（17⁺
点或者等同的获取赢墩的能力）。

4 ♠＝在红心上有浪费的点力，我不希望叫得更高。

牌例 7 双方有局

南发牌

```
                    ♠ 9 6 4 2
                    ♡ K J 8 6
                    ♢ K 9 5
                    ♣ A 4

  ♠ A K 10                          ♠ Q J 8 5 3
  ♡ 9 5 4 2              N          ♡ 3
  ♢ 8 6 2           W       E       ♢ Q J 10 4 3
  ♣ J 9 6               S          ♣ 10 8

                    ♠ 7
                    ♡ A Q 10 7
                    ♢ A 7
                    ♣ K Q 7 5 3 2
```

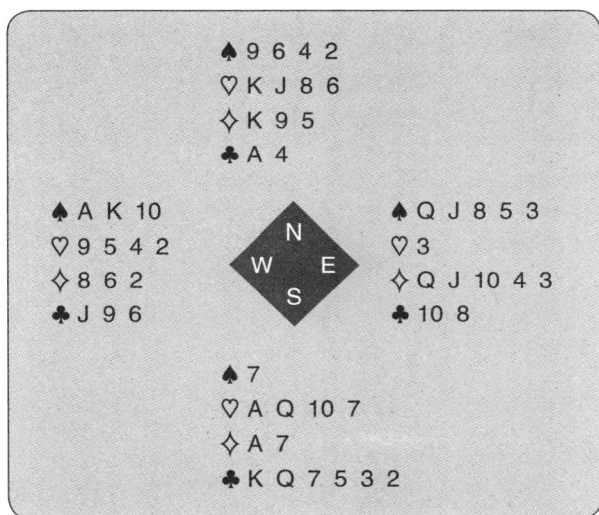

西	北	东	南
			1♣
不叫	1♡	不叫	3♠
不叫	4♣	不叫	4NT
不叫	5♢	不叫	6♡
全不叫			

3♠＝斯普林特，表示黑桃单缺（0 或 1 张）以及逼叫进局的实力（17⁺点或者等同的获取赢墩的能力）。

4♣＝很高兴听到你的黑桃是短套，我有♣A。

4NT ＝你有几个 A ？

5♢＝一个 A。

6♡＝我认为联手可以完成满贯。

牌例 8 双方无局

西发牌

```
                    ♠ A J 7 4
                    ♡ A K 7 6
                    ◇ K Q 9 3
                    ♣ 4

    ♠ Q 9 8          N          ♠ K 10 3 2
    ♡ 3 2        W       E      ♡ Q 5 4
    ◇ J 10 5 4       S          ◇ 8 2
    ♣ A 9 8 7                   ♣ Q 6 5 2

                    ♠ 6 5
                    ♡ J 10 9 8
                    ◇ A 7 6
                    ♣ K J 10 3
```

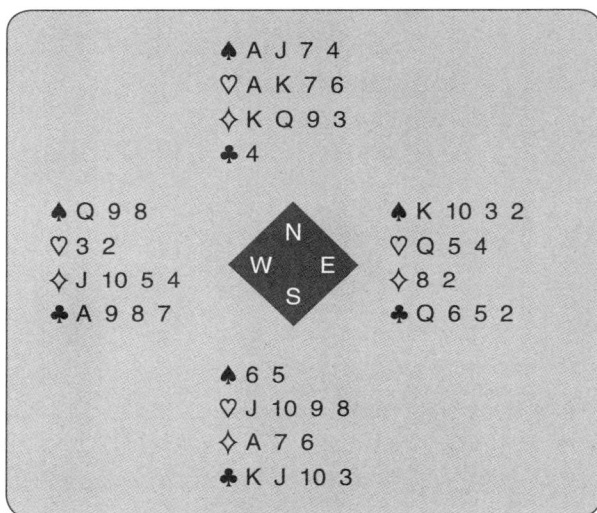

西	北	东	南
不叫	1◇	不叫	1♡
不叫	4♣	不叫	4♡
全不叫			

4♣＝斯普林特，表示梅花单缺（0 或 1 张）以及逼叫进局的实力（17⁺点或者等同的获取赢墩的能力）。

4♡＝在梅花上有浪费的点力，我不希望叫得更高。

应叫人二阶加叫后，开叫人（或争叫人）的斯普林特

    北   南

    1♠   2♠

    ?

4♣，4♦以及4♡都是以黑桃为将牌的斯普林特。

在任何情况下，开叫人（或争叫人）在三阶再叫新花色都是帮张邀叫。截至目前为止，四阶叫品尚没有定义。现在我们约定为斯普林特，表示面对应叫人的低限6点，只要联手有很好的配合，仍然存在满贯的可能性。

牌例 9 东西有局

北发牌

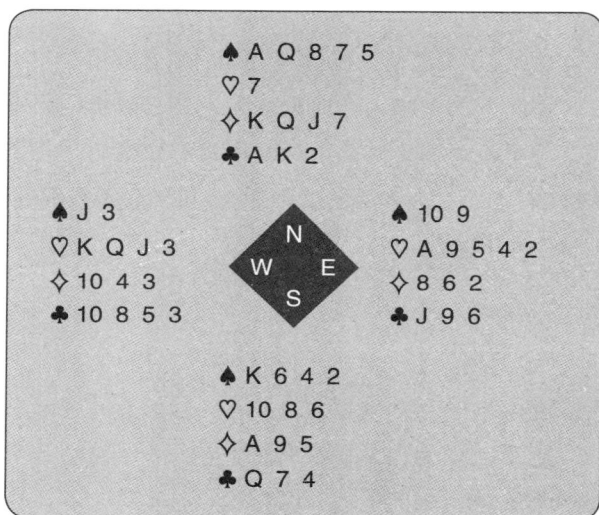

北
♠ A Q 8 7 5
♡ 7
♢ K Q J 7
♣ A K 2

西
♠ J 3
♡ K Q J 3
♢ 10 4 3
♣ 10 8 5 3

东
♠ 10 9
♡ A 9 5 4 2
♢ 8 6 2
♣ J 9 6

南
♠ K 6 4 2
♡ 10 8 6
♢ A 9 5
♣ Q 7 4

西	北	东	南
	1♠	不叫	2♠
不叫	4♡	不叫	5♢
不叫	6♠	全不叫	

4♡＝斯普林特，表示红心单缺（0 或 1 张）且对同伴 6 ～ 9 点的加叫有成局实力。

5♢＝我喜欢你的红心短套。在你红心单缺的情况下我的牌力没有任何贬值。我有♠K 以及♢A 两个确定赢墩以及四张将牌，所以我愿意扣叫。

6♠＝基于你喜欢我的红心短套并且有♢A，我认为联手可以完成满贯。

牌例 10 双方有局

东发牌

```
              ♠ J 9 8 5
              ♡ A 8 6 2
              ◇ Q 6 4
              ♣ 6 5

♠ 10 6              N          ♠ 7
♡ J 10 5        W     E        ♡ 9 4 3
◇ 8 7 2             S          ◇ A 9 5 3
♣ K J 8 7 2                    ♣ A Q 10 4 3

              ♠ A K Q 4 3 2
              ♡ K Q 7
              ◇ K J 10
              ♣ 9
```

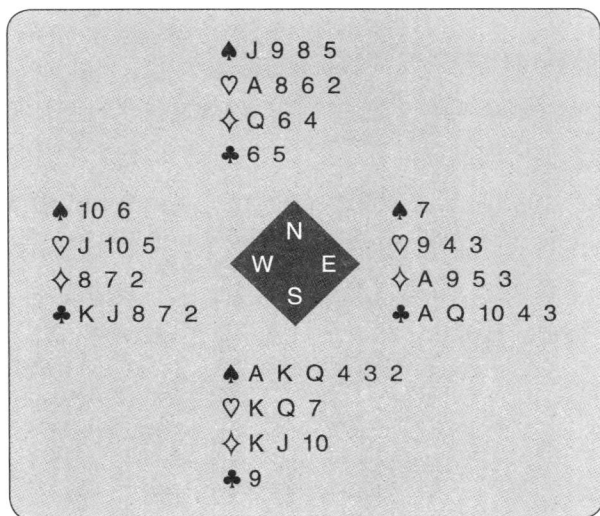

西	北	东	南
		不叫	1♠
不叫	2♠	不叫	4♣
不叫	4♡	不叫	4♠
全不叫			

4♣＝斯普林特，表示梅花单缺（0 或 1 张）以及逼叫进局的实力（17[＋]点面对同伴的低限 6 点有成局的实力）。

4♡＝扣叫♡ A，同时否认有◇ A。

4♠＝示弱，表示对满贯没有更多的兴趣。

开叫人（或争叫人）在同伴两阶高花后的斯普林特

北　　南

1♠　　2♡

?

4♣和4♢都是红心支持的斯普林特。

开叫人（或争叫人）在三阶叫新花色是自然叫而且是逼叫。截至目前，四阶叫品尚没有定义。现在我们约定为斯普林特，表示在同伴有10点时承诺逼叫进局的实力，并且在同伴配合良好的情况下有满贯的可能性。如果你们使用二盖一逼叫进局体系，2♡承诺逼叫进局的实力，那么斯普林特就表示一手低限开叫实力。以下所有牌例都假设你们使用美国标准制，2♡承诺10点以上牌力。

牌例 11 双方无局

南发牌

♠ K J
♡ Q 10 9 8 7
♢ A 10 6
♣ J 6 3

♠ 8 7 6 5　　　　　　　　　　　♠ 10 3
♡ 5 3　　　　　　　　　　　　　♡ A 4
♢ J 7 3　　　　　　　　　　　　♢ 9 8 4 2
♣ K Q 7 2　　　　　　　　　　　♣ A 10 8 5 4

♠ A Q 9 4 2
♡ K J 6 2
♢ K Q 5
♣ 9

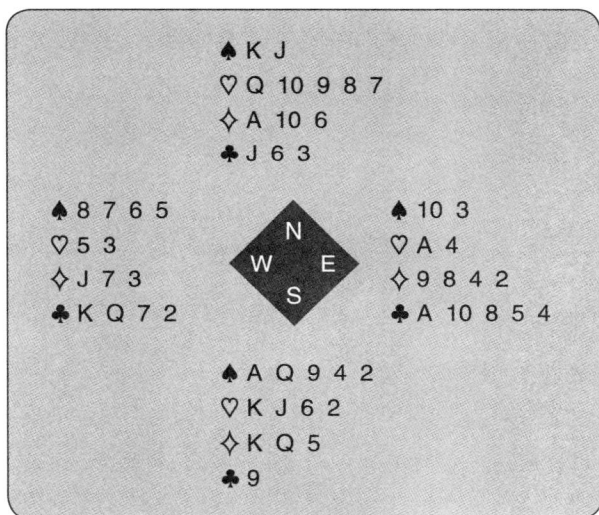

西	北	东	南
			1 ♠
不叫	2 ♡	不叫	4 ♣
不叫	4 ♢	不叫	4 ♡
全不叫			

4 ♣＝斯普林特，显示四张以上红心支持，梅花单张或缺门，对同伴 10 点以上牌力有逼叫进局的实力。

4 ♢＝我很喜欢你的梅花短套，我有♢ A。

4 ♡＝我没有超过成局水平的牌力。

牌例 12 南北有局

西发牌

```
                    ♠ 10 7
                    ♡ 8 7
                    ◇ K J 9 5 2
                    ♣ J 10 8 6

    ♠ K Q 8 4 2          N          ♠ A 6
    ♡ K J 10 5       W       E      ♡ A Q 9 6 3
    ◇ 8                  S          ◇ 7 6 4
    ♣ A Q 2                         ♣ K 4 3

                    ♠ J 9 5 3
                    ♡ 4 2
                    ◇ A Q 10 3
                    ♣ 9 7 5
```

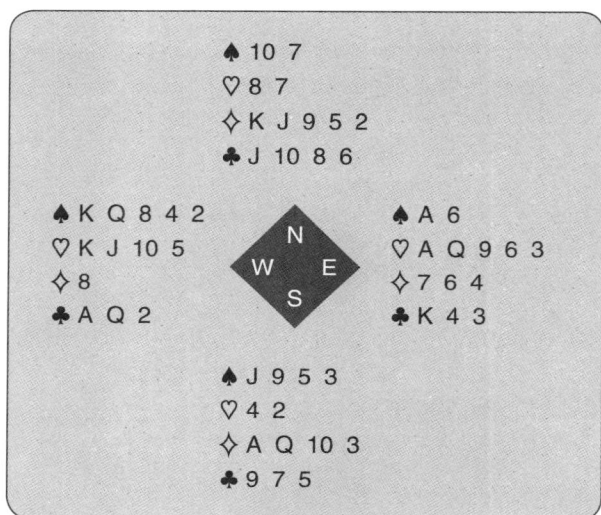

西	北	东	南
1♠	不叫	2♡	不叫
4◇	不叫	4NT	不叫
5◇	不叫	6♡	
全不叫			

4◇＝斯普林特，表示四张以上红心支持，方块单张或缺门，以及面对同伴 10 点以上牌力有逼叫进局的实力。

4NT ＝黑木问叫。

5◇＝我有一个 A。

6♡＝我认为联手可以完成满贯。

应叫人（或争叫人的应叫人）在同伴加叫二阶高花后的斯普林特

北　　南

1♢　　1♠

2♠　　?

4♣、4♢和4♡都是配合黑桃的斯普林特。**记住，斯普林特永远是从已经显示配合的阶数双跳。**

在所有情况下，应叫人三阶再叫新花色都是帮张邀叫。截至目前，四阶叫品没有任何定义。现在我们约定为斯普林特，表示逼叫进局的实力，并且在同伴配合很好的情况下有满贯的可能性。**记住，斯普林特可以是同伴开叫的第一套花色。**

补充要点

最重要的一点是，当你与同伴联手有完美的配合时，斯普林特可以发挥极大的作用。当你的牌点恰好弥补了同伴长套上缺失的大牌，你经常可以发现，即便联手只有 24 点也可以轻松完成满贯。我曾经看到过联手只有 17 点甚至更少，但同样可以做成满贯！

如果联手配置不佳，那么联手得到 10 墩牌也非轻而易举！你会发现自己手上的 K 和 Q 没有价值，而同伴的五张边花套对获取赢墩没有任何帮助。

斯普林特同样适用于低花配合，但我建议你推迟使用，直到你完全掌握了高花配合的斯普林特。

你与同伴必须遵照体系的要求使用斯普林特，并且能够在斯普林特之后有效地评估联手的配合情况。我相信你会发现斯普林特很容易记忆而且使用起来非常轻松。或许你会感到计算联手有"多少赢墩"要比计算联手有"多少牌力"更为困难。随着时间的推移和练习的增加，你肯定会发现这项工作越来越简单。即便你仍然感觉非常吃力，一定不要放弃！你会发现斯普林特是试探满贯的最有效手段之一，而我们都是如此喜爱满贯！

牌例 13 双方有局

北发牌

```
                    ♠ A Q J 7 5
                    ♡ A K 2
                    ♢ 8 4 2
                    ♣ J 10

    ♠ 4                              ♠ 10 9
    ♡ Q 7 4 3          N             ♡ J 10 8 6
    ♢ A K 9 7 6      W   E           ♢ Q J 5 3
    ♣ Q 8 3            S             ♣ 9 4 2

                    ♠ K 8 6 3 2
                    ♡ 9 5
                    ♢ 10
                    ♣ A K 7 6 5
```

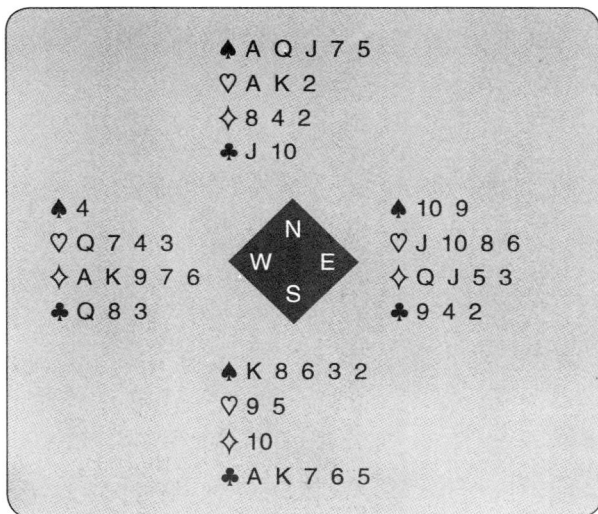

西	北	东	南
	1♠	不叫	4♢
不叫	4♡	不叫	5♣
不叫	6♠	全不叫	

4♢＝斯普林特，表示四张以上黑桃支持，方块短套并且有成局的实力。

4♡＝我喜欢你的方块短套并且我有♡A。

5♣＝我有♣A，我认为自己的牌非常好。

6♠＝基于你喜欢自己的牌并且有♣A，我相信满贯很有机会。我们已经越过了 4NT，因此我决定直接叫 6♠。

牌例 14 双方无局

东发牌

♠ A Q J 6
♡ A 8 7 6 4
♢ Q 5 3
♣ 8

♠ 8 2
♡ 10 9 3
♢ 10 8 4
♣ K J 7 6 2

N
W E
S

♠ 10 7 4
♡ Q J 2
♢ 9 7 6
♣ A Q 10 9

♠ K 9 5 3
♡ K 5
♢ A K J 2
♣ 5 4 3

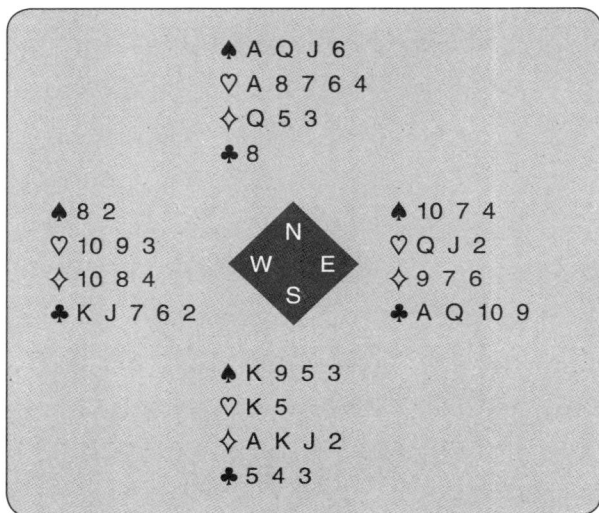

西	北	东	南
		不叫	1♢
不叫	1♡	不叫	1♠
不叫	4♣	不叫	4♢
不叫	4♡	不叫	4NT
不叫	5♡	不叫	6♠
全不叫			

4♣＝斯普林特，表示四张以上黑桃支持，梅花单张或缺门并且有逼叫进局的实力。

4♢＝我喜欢你的梅花短套并且我有♢A。

4♡＝我有♡A。

4NT＝黑木问叫。

5♡＝我有两个 A。

6♠＝我认为联手可以完成满贯。

牌例 15 南北有局

南发牌

```
                    ♠ Q
                    ♡ J 9 6 4
                    ♢ K J 7 6 5
                    ♣ K Q 8

  ♠ A K 10 3 2            N          ♠ J 7 6 5
  ♡ 8 3 2          W           E      ♡ 10
  ♢ 9 8                 S          ♢ Q 10 3 2
  ♣ A 9 3                          ♣ 10 6 4 2

                    ♠ 9 8 4
                    ♡ A K Q 7 5
                    ♢ A 4
                    ♣ J 7 5
```

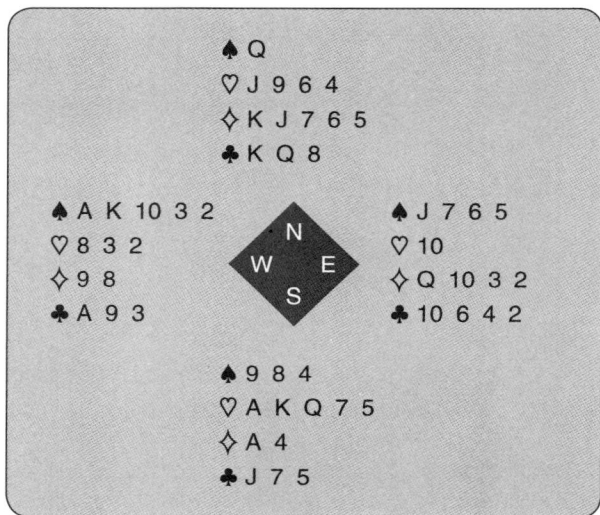

西	北	东	南
			1♡
1♠	3♠	不叫	4♢
不叫	4♡	全不叫	

3♠＝斯普林特，表示四张以上红心支持，黑桃单张或缺门以及 10 ～ 13 点牌力。

4♢＝我喜欢你的黑桃短套并且我有♢ A。

4♡＝我没有更多的额外实力。

牌例 16 东西有局

西发牌

```
                    ♠ A K
                    ♡ A K 10 8 6 3
                    ♢ Q 8
                    ♣ 8 6 5

    ♠ 9 8 6 5                          ♠ Q 7 3 2
    ♡ 9 4           N                  ♡ 2
    ♢ 7 6 4      W     E               ♢ J 10 9
    ♣ A J 9 7       S                  ♣ K Q 4 3 2

                    ♠ J 10 4
                    ♡ Q J 7 5
                    ♢ A K 5 3 2
                    ♣ 10
```

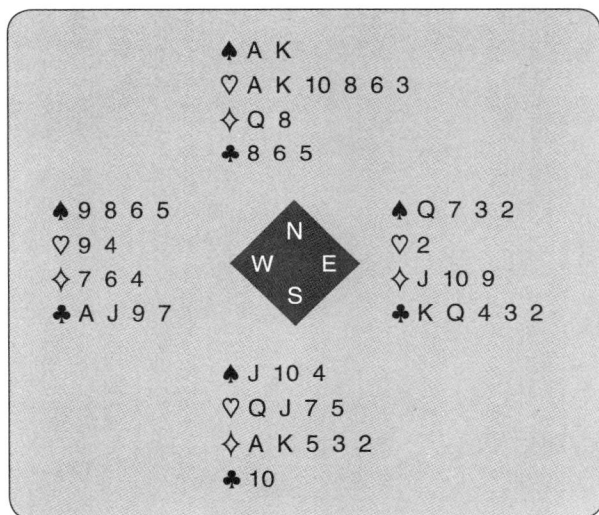

西	北	东	南
不叫	1 ♡	不叫	4 ♣
不叫	4 ♠	不叫	5 ♢
不叫	6 ♡	全不叫	

4 ♣＝斯普林特，表示四张以上红心支持，梅花短套以及 10 ～ 13 点牌力。

4 ♠＝我喜欢你的梅花短套并且我有♠ A。

5 ♢＝我有♢ A。

6 ♡＝我认为联手可以完成满贯。

牌例 17 双方无局

北发牌

```
              ♠ K Q 8 7 3 2
              ♡ A 8 7
              ♢ K Q 2
              ♣ 8

  ♠ 9                              ♠ 10 4
  ♡ Q 10 9 5 3         N          ♡ K J 4 2
  ♢ A 8 6 3        W     E        ♢ 9 4
  ♣ 9 4 3             S           ♣ K Q J 10 6

              ♠ A J 6 5
              ♡ 6
              ♢ J 10 7 5
              ♣ A 7 5 2
```

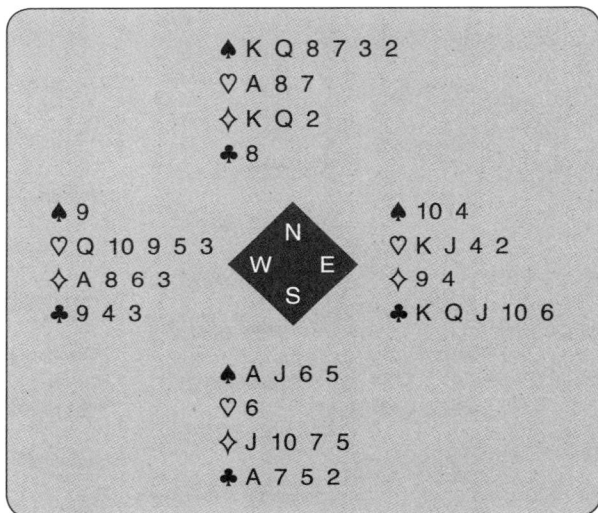

西	北	东	南
	1 ♠	2 ♣	4 ♡
不叫	4NT	不叫	5 ♡
不叫	6 ♠	全不叫	

4 ♡ ＝斯普林特，表示四张以上黑桃支持，红心短套以及 10 ～ 13 点牌力。

4NT ＝黑木问叫。

5 ♡ ＝我有两个 A。

6 ♠ ＝我认为联手可以完成满贯。

牌例 18 南北有局

东发牌

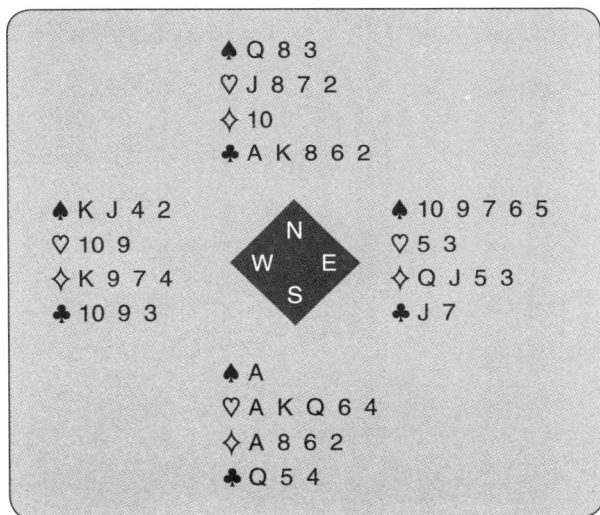

```
                  ♠ Q 8 3
                  ♡ J 8 7 2
                  ◇ 10
                  ♣ A K 8 6 2

    ♠ K J 4 2                      ♠ 10 9 7 6 5
    ♡ 10 9              N          ♡ 5 3
    ◇ K 9 7 4       W     E        ◇ Q J 5 3
    ♣ 10 9 3           S           ♣ J 7

                  ♠ A
                  ♡ A K Q 6 4
                  ◇ A 8 6 2
                  ♣ Q 5 4
```

西	北	东	南
		不叫	1 ♡
不叫	4 ◇	不叫	4 ♠
不叫	5 ♣	不叫	5 ◇
不叫	6 ♣	不叫	7 ♡
全不叫			

4 ◇ = 斯普林特，表示四张以上红心支持，方块单张或缺门以及 10 ～ 13 点牌力。

4 ♠ = 我喜欢你的方块短套并且我有♠ A。（记住，如果南家的扣叫超越了成局水平，这个叫品承诺额外的实力。）

5 ♣ = 我有♣ A。

5◇＝我有◇A。

6♣＝我有♣K。

7♡＝我认为联手可以完成大满贯。

牌例 19 东西有局

南发牌

♠ A J 9 7 4
♡ K J 5
♢ 3
♣ K Q 5 2

♠ 6 5
♡ 10 9 7 3
♢ A Q 4 2
♣ 10 7 4

N W E S

♠ 3 2
♡ Q 8 4 2
♢ K 10 7 6
♣ J 8 3

♠ K Q 10 8
♡ A 6
♢ J 9 8 5
♣ A 9 6

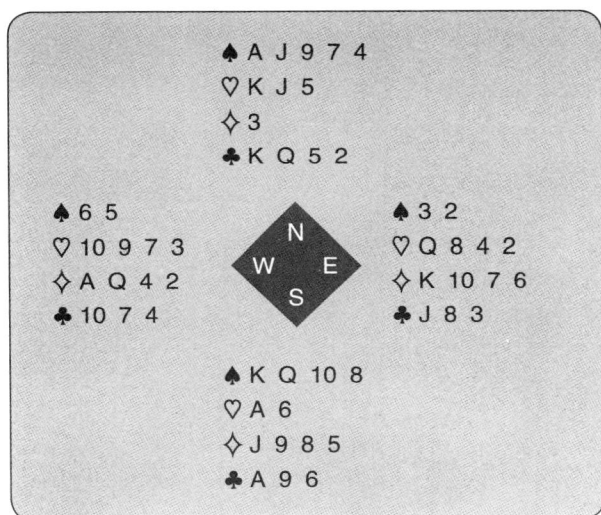

西	北	东	南
			1♢
不叫	1♠	不叫	2♠
不叫	4♢	不叫	4♡
不叫	4NT	不叫	5♡
不叫	6♠	全不叫	

4♢＝斯普林特，表示方块单张或缺门，并且面对同伴低限开叫有逼叫进局的实力。

4♡＝我喜欢你的方块短套并且我有♡A。

4NT ＝黑木问叫。

5♡＝我有两个 A。

6♠＝我认为联手可以完成满贯。

牌例 20 双方有局

西发牌

♠ A K Q
♡ A K 7 6
♢ Q J 10 8 6
♣ 3

♠ J 9 7 5　　　　　　　　　　♠ 10 8 6 4 2
♡ 8 2　　　　　　　　　　　　♡ 10
♢ K 4　　　　　　　　　　　　♢ 7 2
♣ K J 9 7 6　　　　　　　　　♣ Q 8 5 4 2

♠ 3
♡ Q J 9 5 4 3
♢ A 9 5 3
♣ A 10

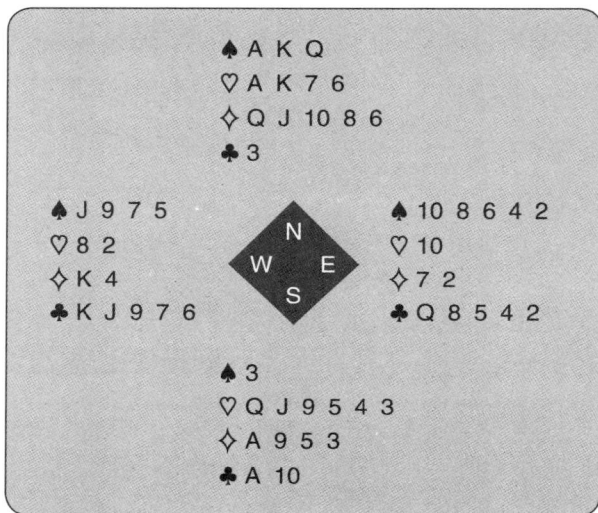

西	北	东	南
不叫	1♢	不叫	1♡
不叫	4♣	不叫	4♢
不叫	4♠	不叫	5♣
不叫	5♠	不叫	6♡
全不叫			

4♣＝斯普林特，表示四张以上红心支持，梅花单张或缺门以及逼叫进局的实力（17⁺点）。

4♢＝我喜欢你的梅花短套并且我有♢A。南家对满贯非常有兴趣，他知道己方在打一副"30点的牌"，但是他希望了解同伴是否有♢K，♠K是无关紧要的。

4♠＝我有♠A。

5♣＝我有♣A。

5♠＝我有♠K 但没有◇K。

6♡＝我已经无法显示更多的控制了。

逼叫性 1NT

逼叫性 1NT 的发明是为了完善二盖一逼叫进局体系（通常写作"2/1"）。引入这个约定叫给应叫人提供了如下选择：

- 加叫同伴的高花时，可以区分三张或者四张（以上）支持；
- 展示一手 11 ～ 12 点均型牌。

有些搭档在不使用 2/1 体制的情况下仍然采用逼叫性 1NT。调整一些叫牌细节后可以使用这个约定叫，但本书假设你与同伴使用 2/1 体系。

逼叫性 1NT 适用于同伴开叫 1♡或 1♠，并且右手敌方不叫之后。应叫 1NT 显示以下持牌类型：

- 均型牌，6 ～ 12 点；
- 非均型牌，6 ～ 12 点；
- 持有五张或者更长的套，点力少于 13 点；
- 对同伴的高花有三张支持，10 ～ 12 点。

应叫 1NT 后应叫人不会持下列牌：

- 对同伴开叫有三张或以上支持，6 ～ 9 点；
- 四张以上黑桃，6 点以上牌力（如果同伴开叫 1♡）；
- 有好的五张套以及 13 点以上牌力；
- 对同伴开叫高花有四张以上支持，10$^+$点（在这种情况下，可以加叫开叫人的花色至三阶）。

刚开始使用逼叫性 1NT 时，牌手们容易犯以下四个错误：

最大的错误是当应叫人对同伴的高花有配合时，不加叫至二阶。应叫人希望叫牌更为复杂却遗忘了最简单的事情……例如加叫同伴花色至二阶。**当你有 6 ～ 9 点牌力并且对同伴开叫的高花有三张或四张支持时，立刻加叫至二阶。**

第二种错误是当应叫人有四张黑桃以及 6 点牌力时，忘记在 1♡开叫后应叫 1♠。应叫人认为在 1♠和 1NT 之间，其中一个叫品弱于另外一个。当然不是！在 1♡开叫之后，1NT 和 1♠应叫都显示了相同的低限牌力（6点），唯一的区别是 **1NT 否认了四张以上黑桃。**

第三个错误是应叫人在实力不足时应叫五张套，而忽略了二盖一应叫是进局逼叫。我不清楚为什么这个错误如此普遍，我推测是牌手们根深蒂固地以为 1NT 应叫表示弱牌。因而当他们持邀叫牌力时使用一个示弱的叫品感觉非常不自然，尽管他们意识到自己应该这样做，但仍旧有所抵触。**抵抗诱惑！如果你与同伴没有花色配合时不愿意进局，那么你就要应叫 1NT！记住，应叫 1NT 后同伴不能不叫。**

最后一点，在同伴应叫 1NT 后，开叫人错误地认为同伴与自己一定有配合。由于应叫人对开叫人的高花有配合（三张将牌支持，10 ～ 12 点）只是 1NT 应叫的一种情况，开叫人就认定同伴应叫 1NT 后一定是这样的持牌。事实并非如此！这种类型的牌只占很小的比例。**同伴应叫 1NT 后，不要期待他对你的高花有配合。**

同伴应叫逼叫性 1NT 后，开叫人的再叫如下：

- 再叫原高花（2♡或 2♠）表示六张以上长套，低限牌力（12 ～ 15 点）；

- 跳叫原高花（3♡或 3♠）表示六张以上长套，15 ～ 17 点牌力；

- 开叫 1♠，持四张以上红心以及五张以上黑桃：
  - 再叫 2♡，表示牌力范围是 12 ～ 17 点；
  - 再叫 3♡，表示牌力范围是 18$^+$点。

- 开叫 1♠或 1♡，持五张高花以及四张以上低花，再叫低花：
  - 再叫 2♢或 2♣，表示牌力范围是 12 ～ 17 点；
  - 再叫 3♢或 3♣，表示牌力范围是 18$^+$点。

- 2NT 表示只有五张高花套，点力范围是 17 ～ 19 点。

- 开叫 1♡后如果持四张以上黑桃，五张以上红心以及 15$^+$点牌力时，再叫 2♠。少于 15 点时，再叫红心套或者 2$^+$张的低花套。

· 再叫 2♣/2♢，如果开叫高花仅有五张并且是低限牌力（你只能再叫三张套）。

有些学生会被逼叫性 1NT 吓住，因为他们很难接受再叫三张套的概念。但假如仔细查看，你就发现除了最后一种情况，**其他再叫都与你使用美国标准制完全相同**。

应叫人的第二次叫牌：

应叫人（应叫逼叫性 1NT 的一方）会在开叫人再叫的基础上做出最自然的再叫。

· 如果开叫人在二阶再叫原花色，而应叫人有 2⁺张支持时：

　○少于 10 点，不叫；

　○10⁺点，加叫同伴的高花至三阶。

· 如果开叫人在三阶跳叫原花色，而应叫人有 2⁺张支持时：

　○少于 8 点，不叫；

　○8⁺点，加叫同伴的高花至四阶。

· 如果开叫人在二阶或者三阶再叫原花色，应叫人有 10 ～ 12 点并且有三张支持时，直接加叫 4♠/4♡。

· 如果开叫人在二阶再叫新花色，应叫人有 10 ～ 12 点并且有三张支持时，加叫到 3♠/3♡。

· 如果开叫人开叫 1♠后再叫 2♡，应叫人有四张以上红心支持时：

　○少于 8、9 点，不叫；

　○9⁺点，加叫至三阶。

· 如果开叫人在二阶再叫低花，应叫人持五张以上支持，而且原高花没有配合时：

　○少于 9 点，不叫；

　○9⁺点，加叫同伴的低花至三阶。

· 如果开叫人在二阶再叫低花，应叫人有四张以下支持，而且在原高花有 2⁺张：

○少于 10 点，叫回同伴的二阶高花；

○ 11 ～ 12 点，考虑 2NT 是否是合适的叫品。

· 如果开叫人跳叫新花色，这个叫品是进局逼叫，应叫人必须再叫。随后应叫人选择最自然的叫品。

· 如果开叫人跳叫 2NT 表示 17 ～ 19 点，随后应叫人选择最自然的叫品（可以是不叫）。

· 如果开叫人的再叫表示低限，而应叫人持六张以上长套时，他在最低阶叫出自己的长套（这个叫品不逼叫，而且通常开叫人应该不叫）。

· 如果开叫人的再叫表示低限，应叫人跳叫新花色至三阶，他表示六张以上好套但没有逼叫进局的实力。

· 如果开叫 1♡ 后再叫 2♠，这个 2♠ 是逆叫，承诺五张以上红心，四张以上黑桃以及 15$^+$ 点牌力。这个叫品逼叫一轮，随后应叫人选择最自然的叫品。

补充要点

• 你与同伴可以约定：当开叫人在二阶再叫原花色后，应叫人在三阶再叫新花色是邀叫，而无论这个叫品是否是跳叫。

• 你与同伴可以约定：当开叫人在二阶再叫新花色后，应叫人再叫任意阶数的新花色都是止叫，除非是跳叫表示邀叫实力。

• 你与同伴可以约定：当开叫人开叫 1♡，应叫人应叫 1NT 后（否认四张以上黑桃），开叫人再叫二阶低花时：

　　○加叫低花至三阶表示五张以上支持，并且计算牌型点后达到邀请实力；

　　○再叫 2♠表示五张以上支持，并且有 10 ~ 12 个大牌点。

逼叫性 1NT 小结

应叫人的第一次叫牌：哪些没有变化？

- 如果同伴开叫 1♣ 或 1♢：所有应叫没有变化。
- 如果同伴开叫 1♠ 或 1♡ 并且你持：
  - 6 ～ 9 点有支持：加叫 2♠ /2♡；
  - 10 ～ 12 点有四张将牌支持：加叫 3♠ /3♡。
- 10 点以下并且对同伴的高花没有配合：应叫 1NT。
- 同伴开叫 1♡，如果你有四张以上黑桃以及 6$^+$点牌力：应叫 1♠。

应叫人的第一次叫牌：哪些有改变？

如果同伴开叫 1♠ /1♡：

- 有三张将牌支持以及 10 ～ 12 点，应叫 1NT；
- 少于 12 点的牌，应叫 1NT。

开叫人的第一次再叫：哪些有改变？

在应叫人应叫逼叫性 1NT 后，如果开叫花色只有五张，牌力是低限并且没有其他四张套时：

- 再叫三张的低花套；
- 如果两门低花同等长度，再叫梅花。

应叫人的第一次再叫：哪些有变化？

- 如果应叫人有三张高花支持以及 10 ～ 12 点：
  - 再叫 3♠ /3♡，如果开叫人在二阶再叫新花色或者重叫原花色；
  - 再叫 4♠ /4♡，如果同伴再叫的是：
    - 三阶原花色；
    - 跳叫新花色；

· 再叫 2NT。

• 开叫人在二阶再叫低花，应叫人少于五张支持时，如果在开叫花色上有两张，应叫人低限就应该叫回原高花。

• 开叫人在二阶再叫原花色或者新花色，应叫人没有配合时，（记住，应叫人必须有五张低花支持才能算作配合。）应叫人可以：

　　○在二阶再叫新花色表示五张套；

　　○在三阶再叫新花色表示六张套；

　　○三阶跳叫新花色表示六张以上长套，以及 10 ～ 11 点牌力。

牌例 1 双方无局

北发牌

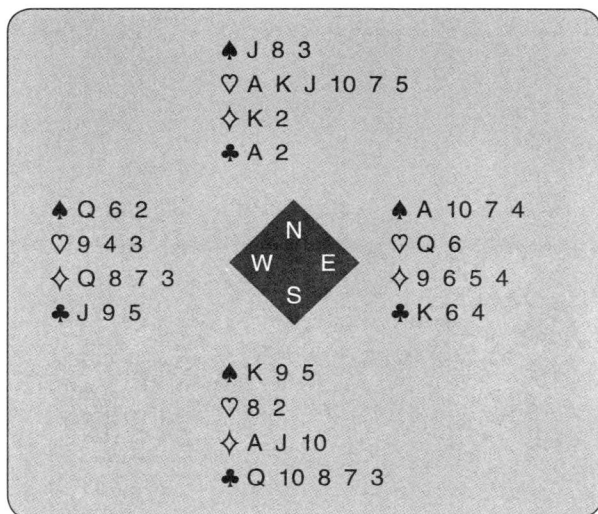

桥牌布局：

北家：
♠ J 8 3
♡ A K J 10 7 5
♢ K 2
♣ A 2

西家：
♠ Q 6 2
♡ 9 4 3
♢ Q 8 7 3
♣ J 9 5

东家：
♠ A 10 7 4
♡ Q 6
♢ 9 6 5 4
♣ K 6 4

南家：
♠ K 9 5
♡ 8 2
♢ A J 10
♣ Q 10 8 7 3

西	北	东	南
	1♡	不叫	1NT
不叫	3♡	不叫	4♡
全不叫			

1NT ＝逼叫性 1NT，北家至少再叫一轮。

3♡＝六张以上红心，15 ～ 17 点牌力。

4♡＝我认为联手可以成局。

牌例 2 南北有局

东发牌

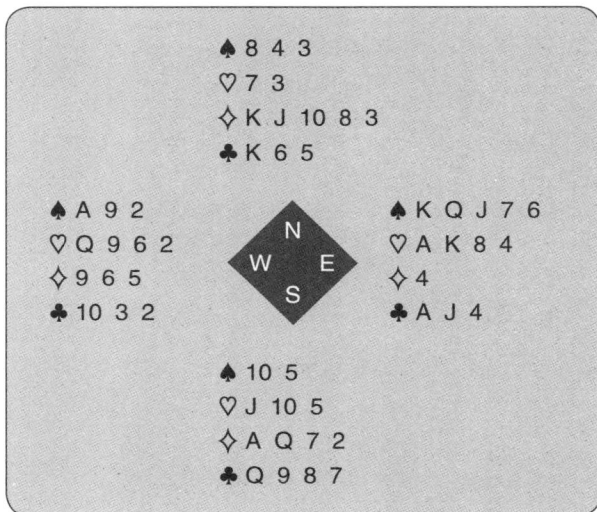

	♠ 8 4 3
	♡ 7 3
	♢ K J 10 8 3
	♣ K 6 5

♠ A 9 2		♠ K Q J 7 6
♡ Q 9 6 2		♡ A K 8 4
♢ 9 6 5		♢ 4
♣ 10 3 2		♣ A J 4

	♠ 10 5
	♡ J 10 5
	♢ A Q 7 2
	♣ Q 9 8 7

西	北	东	南
		1♠	不叫
1NT	不叫	3♡	不叫
4♡	全不叫		

1NT ＝逼叫性 1NT。

3♡＝四张以上红心以及 18$^+$点牌力，逼叫进局。

4♡＝我有红心配合。

牌例 3 东西有局

南发牌

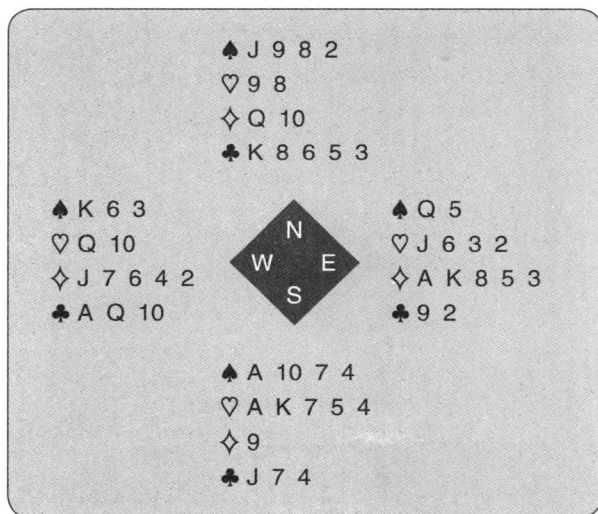

```
                    ♠ J 9 8 2
                    ♡ 9 8
                    ♢ Q 10
                    ♣ K 8 6 5 3

♠ K 6 3                              ♠ Q 5
♡ Q 10              N                ♡ J 6 3 2
♢ J 7 6 4 2     W       E            ♢ A K 8 5 3
♣ A Q 10            S                ♣ 9 2

                    ♠ A 10 7 4
                    ♡ A K 7 5 4
                    ♢ 9
                    ♣ J 7 4
```

西	北	东	南
			1 ♡
不叫	1 ♠	不叫	2 ♠
全不叫			

1♠＝四张以上黑桃，6^+点牌力。（记住，如果北家有四张黑桃，他就不能应叫逼叫性 1NT。）

2♠＝我有四张黑桃以及 12 ～ 14 点牌力。

牌例 4 双方有局

西发牌

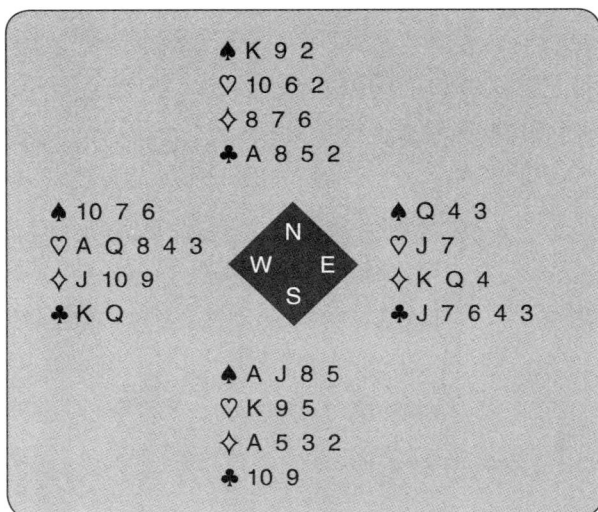

	♠ K 9 2	
	♡ 10 6 2	
	♢ 8 7 6	
	♣ A 8 5 2	
♠ 10 7 6		♠ Q 4 3
♡ A Q 8 4 3	N	♡ J 7
♢ J 10 9	W E	♢ K Q 4
♣ K Q	S	♣ J 7 6 4 3
	♠ A J 8 5	
	♡ K 9 5	
	♢ A 5 3 2	
	♣ 10 9	

西	北	东	南
1♡	不叫	1NT	不叫
2♢	不叫	2♡	全不叫

1NT ＝逼叫性 1NT。

2♢＝我没有六张红心，但有三张以上方块以及 12 ～ 17 点牌力。

2♡＝我更倾向于主打红心而不是方块定约。

牌例 5 南北有局

北发牌

```
                    ♠ J 9 2
                    ♡ A K 10 7 2
                    ◇ A 9 5 4
                    ♣ 2

    ♠ K 4 3                         ♠ A Q 10 7
    ♡ Q J 5 4          N            ♡ 9 8 6
    ◇ Q 7 6        W       E        ◇ J 8 3 2
    ♣ A 5 4            S            ♣ 9 8

                    ♠ 8 6 5
                    ♡ 3
                    ◇ K 10
                    ♣ K Q J 10 7 6 3
```

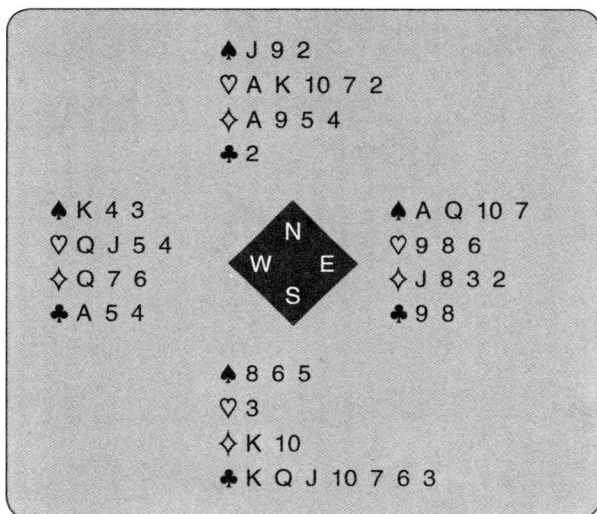

西	北	东	南
	1♡	不叫	1NT
不叫	2◇	不叫	3♣
全不叫			

1NT ＝逼叫性 1NT。

2◇＝我没有六张红心，但有三张以上方块以及 12 ～ 17 点牌力。

3♣＝我想主打梅花定约。（记住，**应叫逼叫性 1NT 以及开叫人显示低限牌力后，再叫最低阶的新花色是止叫。**）

牌例 6 东西有局

东发牌

```
                    ♠ Q 8 6 5
                    ♡ 10 5
                    ♢ A 9 7 3
                    ♣ 8 5 2

        ♠ A 4 3              N          ♠ K 10
        ♡ 7 3            W       E      ♡ A K 9 8 4
        ♢ J 10 8            S          ♢ Q 5 4
        ♣ A J 10 9 6                   ♣ Q 7 4

                    ♠ J 9 7 2
                    ♡ Q J 6 2
                    ♢ K 6 2
                    ♣ K 3
```

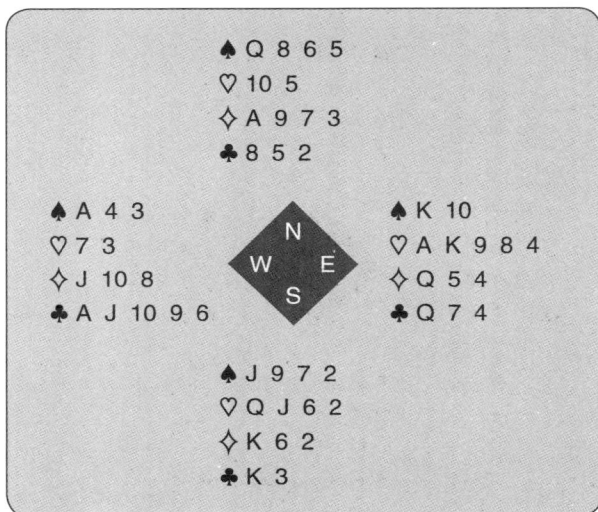

西	北	东	南
		1♡	不叫
1NT	不叫	2♣	不叫
2♠	不叫	3NT	全不叫

1NT ＝逼叫性 1NT。

2♣＝我没有 6 张红心，但有三张以上梅花。

2♠＝我有五张以上梅花以及 10 ～ 12 点牌力。（记住，1♡ 开叫后应叫 1NT 已经否认有四张以上黑桃，因而此处你可以用 2♠ 表示有实力的低花加叫。）

3NT ＝我认为联手可以完成这个定约。

94

牌例 7 双方有局

南发牌

```
              ♠ 6
              ♡ 7 2
              ◇ A 9 8 7 3
              ♣ A 9 8 3 2

♠ K J 10 3              ♠ A Q 8 7 5 4
♡ 10 9 8 3      N       ♡ Q 5
◇ Q 10       W    E     ◇ 6 4
♣ K Q 5         S       ♣ J 10 6

              ♠ 9 2
              ♡ A K J 6 4
              ◇ K J 5 2
              ♣ 7 4
```

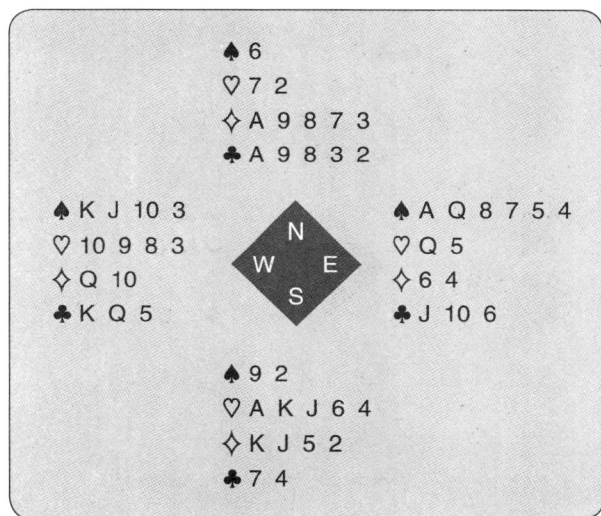

西	北	东	南
			1♡
不叫	1NT	不叫	2◇
不叫	3◇	全不叫	

1NT ＝逼叫性 1NT。

2◇＝我没有六张红心，但有三张以上方块以及 12～17 点牌力。

3◇＝我有至少五张以上方块支持，计算牌型点在内，有价值 10～12 点牌力。（两个 A，一个单张以及一个双张）。

牌例 8 双方无局

西发牌

```
                  ♠ Q J 7
                  ♡ J 5 4
                  ♢ Q J 5
                  ♣ K 9 5 4

♠ A K 10 4 2          N          ♠ 8 6
♡ A 8 7        W          E      ♡ K Q 10 6 3
♢ A K 6 4          S             ♢ 9 3
♣ 7                             ♣ J 6 3 2

                  ♠ 9 5 3
                  ♡ 9 2
                  ♢ 10 8 7 2
                  ♣ A Q 10 8
```

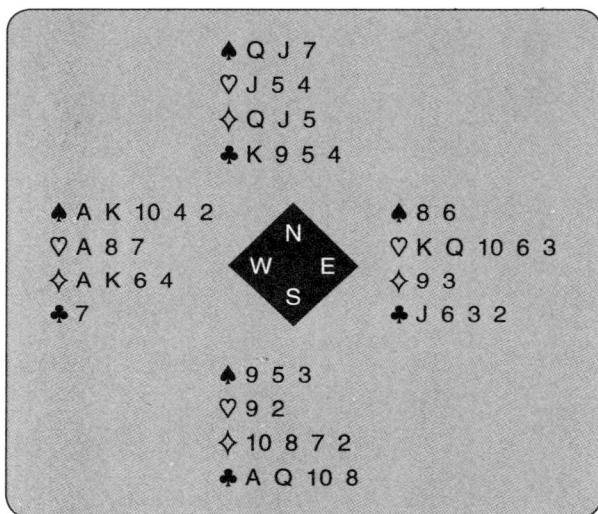

西	北	东	南
1♠	不叫	1NT	不叫
3♢	不叫	3♡	不叫
4♡	全不叫		

1NT ＝逼叫性 1NT。

3♢＝四张以上方块以及 18$^+$点牌力，逼叫进局。

3♡＝我有 5 张红心。

4♡＝我有红心配合。

杰克贝 2NT

杰克贝 2NT 的适用范围是，同伴开叫 1♡ 或 1♠，右手敌方不叫之后。应叫人跳叫 2NT 表示四张以上将牌支持，逼叫进局的实力并且要求开叫人继续描述自己的牌型。通常说应叫人持均型牌，不过偶尔也可能是非均型牌。

同伴开叫 1♡，应叫杰克贝 2NT 的典型牌例：

1）♠ Q32　♡ AQ72　♢ AQ65　♣ 93

14 点牌力，四张红心支持的均型牌。

2）♠ AK2　♡ 9872　♢ J7653　♣ A

12 点牌力，四张红心支持的非均型牌，但是长套很弱并且短套是单张 A。（**记住，使用斯普林特一定不能是单张 A 或单张 K。**）

3）♠ AK2　♡ AQ872　♢ A5　♣ J53

18 点牌力，五张红心支持的均型牌。

同伴开叫 1♠ 后，应叫杰克贝 2NT 的典型牌例：

4）♠ KQ32　♡ AQ72　♢ AQ65　♣ 3

17 点牌力，四张黑桃支持并且有单张的非均型牌，但是这手牌的牌点已经超出了斯普林特的点力范围。（**记住，对同伴开叫的斯普林特是限制性叫品，表示 10 ～ 13 点。**）

5）♠ AJ72　♡ A72　♢ 1065　♣ AJ8

14 点牌力，四张黑桃支持的均型牌。

6）♠ AJ72　♡ A2　♢ 109865　♣ A7

13 点牌力，四张黑桃支持的非均型牌，但是长套很弱。

应叫人使用杰克贝 2NT 后，开叫人有一系列叫品可供选择。根据这些叫品传递信息的重要性，我们将它们由高到低排列，这是桥牌理论家研究得出的结论。

·开叫人的首要义务是显示第二套。这门花色必须是质量很好的五张套。开叫人通过跳叫至四阶加以展示。

·开叫人的第二义务是显示短套。如果一门花色是单张或缺门，开叫人在三阶再叫这门花色（单缺不能是 A 或 K）。

·**开叫人的第三义务是展示联手的大牌实力。**如果同伴没有第二套并且没有单缺，他就要展示整手牌的实力。（**下面的点力范围仅供参考，开叫人需要依据判断调整牌的价值。**）

○ 3♡或 3♠——表示非常好的一手牌（17⁺点，或者考虑到将牌长度或者牌型，有等值的实力），没有单缺并且有满贯兴趣。

○ 3NT——表示没有单缺，并且在同伴有额外牌力的情况下有满贯兴趣。（14 ~ 16 点，或者考虑到将牌长度或者牌型，有等值的实力。）

○ 4♡或 4♠——表示低限，没有单缺也没有满贯兴趣（11 ~ 13/14 点）。

第三选项是最常见的再叫，也是这个约定叫最有价值的部分。估量自己牌值的技巧需要通过经验积累，以及通过实践和错误来慢慢提高。在下面的牌例中我们假设开叫 1♠，同伴应叫杰克贝 2NT。

1）♠AKQ32　♡A72　♢A65　♣93

开叫人再叫 3NT

17 点牌力，五张黑桃的均型牌。

2）♠AQ9432　♡92　♢A5　♣AK3

开叫人再叫 3♠

17 点牌力，六张黑桃的均型牌。

3）♠AK942　♡KJ2　♢K5　♣543

开叫人再叫 4♠

14 点牌力，五张黑桃的均型牌。

4）♠KQ932　♡A2　♢A765　♣K3

开叫人再叫 3NT

16 点牌力，五张黑桃的均型牌。

5）♠AJ972　♡AK72　◇Q65　♣A

开叫人再叫3♠

18点牌力，五张黑桃的均型牌。

开叫人再叫后，应叫人要评估自己的持牌然后权衡满贯的可能性。除了一种情况，通常应叫人有两个选择——简单成局或者试探满贯。

• 简单叫回四阶将牌花色，表示没有兴趣超过成局水平。

• 四阶再叫其他花色表示满贯兴趣。

再叫新花色都是这门花色第一轮控制（有A）。

任何三阶其他叫品（3NT或者三阶将牌花色）否认任何花色有第一轮控制（将牌除外），但承诺额外的实力。

应叫人再叫的牌例：

1）♠Q732　♡AQ2　◇AQ65　♣93

开叫人再叫3NT表示中等实力，没有第二个五张套而且没有单缺。

应叫人再叫4♠。

14点牌力，四张黑桃支持的均型牌。对于同伴无单缺的中等牌力，满贯前景非常渺茫。

2）♠AQ32　♡9872　◇A65　♣K3

开叫人再叫4♠表示低限牌力，没有五张边花套而且没有单缺。

应叫人不叫。

13点牌力，四张黑桃支持的均型牌。对于同伴低限牌力没有单缺，没有五张套，满贯前景非常渺茫。

3）♠AK32　♡Q872　◇A5　♣J53

开叫人再叫3♣表示没有五张边花套，但梅花是单张或者缺门。

应叫人再叫3◇。

14点牌力，四张黑桃支持而且梅花上没有浪费点力。应叫人

扣叫 ◇ A。

4）♠ KQ32   ♡ AQ72   ◇ AQ65   ♣ 3

开叫人再叫 4♠ 表示低限牌力，而且没有五张边花套，没有单缺。

应叫人再叫 4NT。

17 点牌力，四张黑桃支持并且是非均型牌，这手牌的实力已经远远超出了斯普林特的点力范围。面对同伴的低限开叫，只要同伴有适当的牌张（♠ A，♡ K，◇ K 以及 ♣ A），满贯仍然很有可能。

5）♠ AQJ2   ♡ KQ72   ◇ 865   ♣ Q9

开叫人再叫 3◇ 表示没有五张边花套但方块是单缺。

应叫人再叫 3NT。

15 点牌力，四张黑桃支持并且方块上没有浪费点力，但没有 A 可供扣叫；应叫人知道可能有满贯，但不能再叫 4NT 而且也没有 A 可以扣叫。〔**记住，你无法扣叫将牌 A，而且不能在一门花色有两个快速输墩（缺 AK）的情况下使用黑木问叫。**〕

当开叫人再叫 3♡ 或 3♠ 后，应叫人还有其他再叫选择。由于开叫人的点力以及获取赢墩的能力没有上限，因此在目前局势下应叫人必须在成局水平之下强制性扣叫 A。

记住，应叫杰克贝 2NT 已经明确开叫人的高花作为将牌，并且构成了联手逼叫进局的态势。在找到配合并且逼叫进局的情况下，你的叫牌越缓慢，就意味着你的牌越好。

牌例 1 双方无局

北发牌

♠ A K 10 5 2
♡ 6 3
♢ K 5 2
♣ Q 10 8

♠ 9 8 3
♡ K Q 9 8
♢ 9 8 3
♣ A 3 2

♠ 4
♡ A 10 4 2
♢ J 10 7 6
♣ J 9 7 4

♠ Q J 7 6
♡ J 7 5
♢ A Q 4
♣ K 6 5

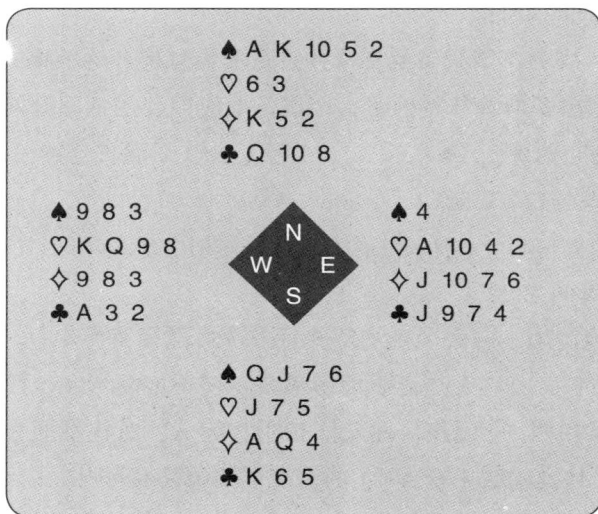

西	北	东	南
	1♠	不叫	2NT
不叫	4♠	全不叫	

2NT＝杰克贝 2NT，表示四张以上黑桃支持，并且有逼叫进局的实力。

4♠＝没有第二个五张套，没有单缺，而且是低限牌力。

牌例 2 南北有局

东发牌

```
                    ♠ 9 8 3
                    ♡ Q 9 8 6
                    ♢ 9 8 3
                    ♣ K 3 2

  ♠ Q J 7 6          N          ♠ A K 10 5 2
  ♡ K 7 5        W       E      ♡ A 3
  ♢ Q J 4           S          ♢ K 5 2
  ♣ A J 5                       ♣ Q 10 6

                    ♠ 4
                    ♡ J 10 4 2
                    ♢ A 10 7 6
                    ♣ 9 8 7 4
```

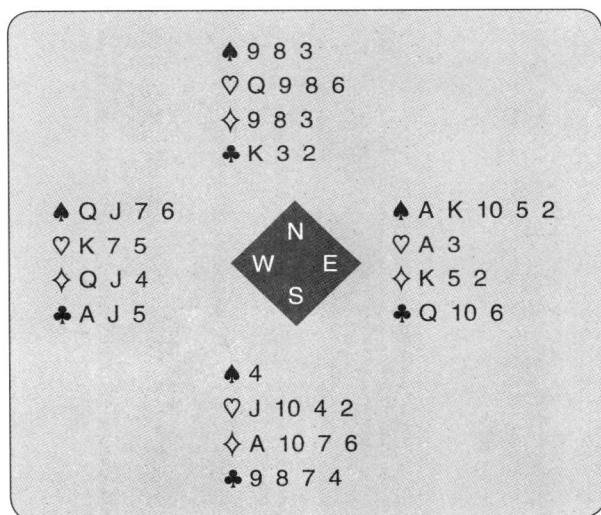

西	北	东	南
		1♠	不叫
2NT	不叫	3NT	不叫
4♠	全不叫		

2NT ＝杰克贝 2NT，表示四张以上黑桃支持，并且有逼叫进局的实力。

3NT ＝没有第二个五张套而且没有单缺，牌力是中等实力。

4♠＝由于你只有中等牌力，我也没有更多的兴趣。

牌例 3 东西有局

南发牌

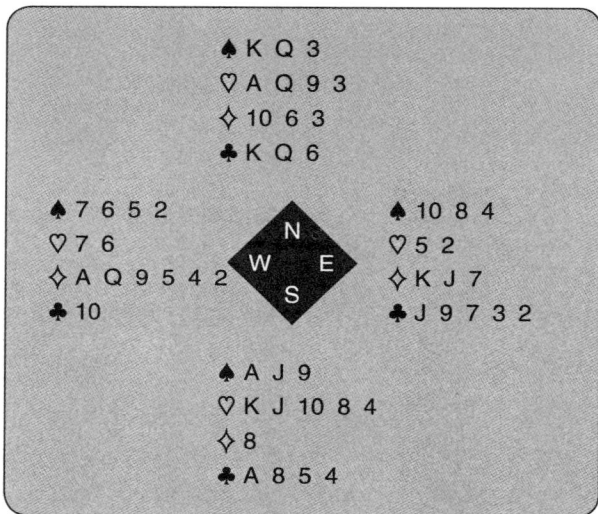

♠ K Q 3
♡ A Q 9 3
♢ 10 6 3
♣ K Q 6

♠ 7 6 5 2
♡ 7 6
♢ A Q 9 5 4 2
♣ 10

♠ 10 8 4
♡ 5 2
♢ K J 7
♣ J 9 7 3 2

♠ A J 9
♡ K J 10 8 4
♢ 8
♣ A 8 5 4

西	北	东	南
			1♡
不叫	2NT	不叫	3♢
不叫	3♡	不叫	3♠
不叫	4NT	不叫	5♡
不叫	6♡	全不叫	

2NT＝杰克贝 2NT，表示四张以上红心支持，并且有逼叫进局的实力。

3♢＝方块单张或缺门。

3♡＝我没有可供扣叫的 A，但很"喜欢"你的方块短套。

3♠＝我有♠ A。

4NT＝黑木问叫。

5♡＝两个 A。

6♡＝我认为联手可以完成满贯。

牌例 4 双方有局

西发牌

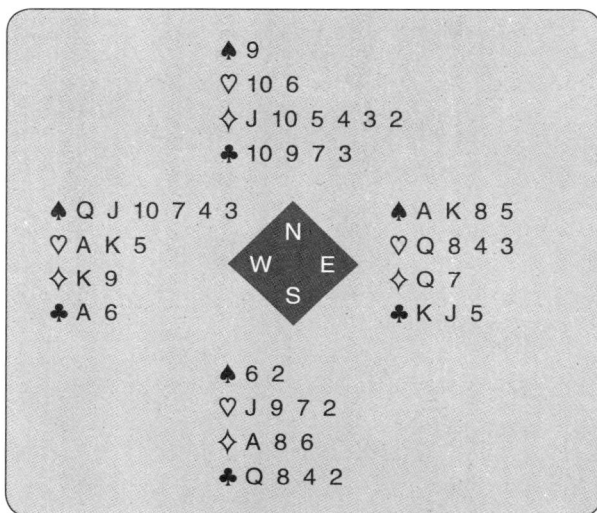

西	北	东	南
1♠	不叫	2NT	不叫
3♠	不叫	3NT	不叫
4NT	不叫	5◇	不叫
6♠	全不叫		

2NT ＝杰克贝 2NT，表示四张以上黑桃支持，并且有逼叫进局的实力。

3♠＝虽然没有单缺但我的牌非常好。

3NT ＝虽然没有可供扣叫的 A，但我也有额外实力。

4NT ＝黑木问叫。

5◇＝有一个 A。

6♠＝我认为联手可以完成满贯。

牌例 5 南北有局

北发牌

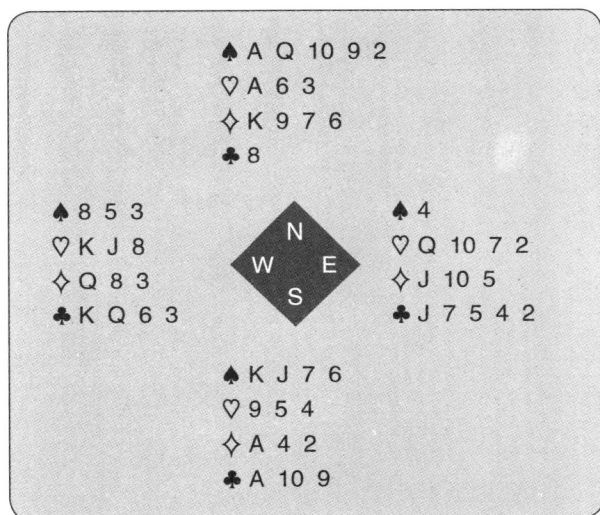

```
             ♠ A Q 10 9 2
             ♡ A 6 3
             ♢ K 9 7 6
             ♣ 8

♠ 8 5 3              N          ♠ 4
♡ K J 8                         ♡ Q 10 7 2
♢ Q 8 3        W         E      ♢ J 10 5
♣ K Q 6 3            S          ♣ J 7 5 4 2

             ♠ K J 7 6
             ♡ 9 5 4
             ♢ A 4 2
             ♣ A 10 9
```

西	北	东	南
	1♠	不叫	2NT
不叫	3♣	不叫	3♢
不叫	3♡	不叫	4♣
不叫	4♢	不叫	4♠
全不叫			

2NT＝杰克贝 2NT，表示四张以上黑桃支持，并且有逼叫进局的实力。

3♣＝没有第二个五张套但梅花是单张或缺门。

3♢＝我喜欢你的梅花短套并且我有♢ A。

3♡＝我有♡ A。

4♣＝我有♣ A。

4 ◇＝我有◇ K。

4 ♠＝我没有更多可以扣叫的控制，而且也没有额外实力。

牌例 6 东西有局

东发牌

```
                    ♠ 8 5 3
                    ♡ J 9 8
                    ♢ 8 3
                    ♣ A K Q 6 3

  ♠ Q J 7 6                          ♠ A K 10 9 2
  ♡ Q 5            N                 ♡ A K 3
  ♢ A K 4 2    W       E             ♢ Q 7 6 5
  ♣ 10 9 5         S                 ♣ 8

                    ♠ 4
                    ♡ 10 7 6 4 2
                    ♢ J 10 9
                    ♣ J 7 4 2
```

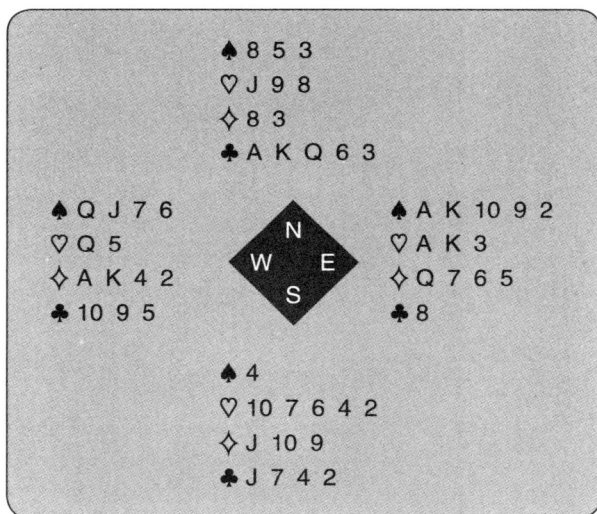

西	北	东	南
		1♠	不叫
2NT	不叫	3♣	不叫
3♢	不叫	3♡	不叫
4♢	不叫	4♡	不叫
4NT	不叫	5♣	不叫
6♠	全不叫		

2NT ＝杰克贝 2NT，表示四张以上黑桃支持，逼叫进局的实力。

3♣＝没有第二个五张套但梅花是单张或缺门。

3♢＝我喜欢你的梅花短套而且我有♢ A。

3♡＝我有♡ A。

4♢＝我有♢K。

4♡＝我有♡K。

4NT＝尽管没有额外实力，但我认为你有♡AK我们仍有可能完成小满贯。你有几个A？

5♣＝有两个A。

6♠＝我认为联手可以完成满贯。

牌例 7 双方有局

南发牌

```
                    ♠ J 10 7 6
                    ♡ K Q 5
                    ♢ A 9 4
                    ♣ K 9 5

  ♠ 4                             ♠ K 8 3
  ♡ 10 7 6 4 2        N           ♡ J 9 8
  ♢ J 10 6        W     E         ♢ 8 7 3
  ♣ J 7 4 2          S            ♣ Q 10 6 3

                    ♠ A Q 9 5 2
                    ♡ A 3
                    ♢ K Q 5 2
                    ♣ A 8
```

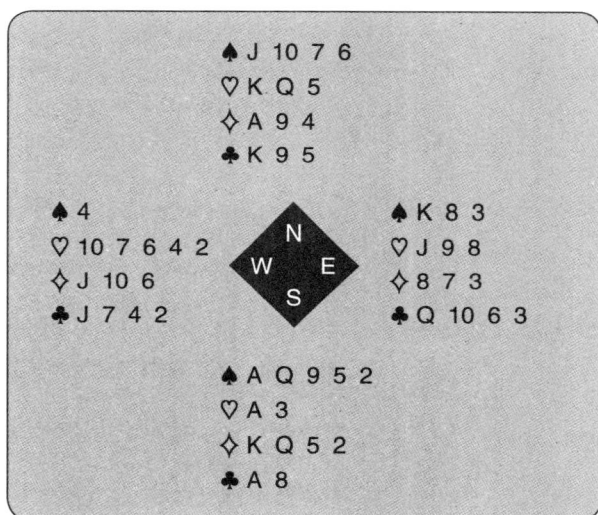

西	北	东	南
			1♠
不叫	2NT	不叫	3♠
不叫	4♢	不叫	4♡
不叫	4NT	不叫	5♠
不叫	6♠	全不叫	

2NT ＝杰克贝 2NT，表示四张以上黑桃支持，逼叫进局的实力。

3♠＝没有第二个五张套而且没有单缺，但我有很强的额外实力。

4♢＝我有♢ A。

4♡＝我有♡ A。

4NT ＝黑木问叫。

5♠＝有三个 A。

6♠＝我认为联手可以完成满贯。

牌例 8 双方无局

西发牌

```
                    ♠ 4
                    ♡ A 10 6 4 2
                    ♢ J 10 7 6
                    ♣ J 7 4

    ♠ A K 10 5 2              ♠ Q J 7 6
    ♡ 3              N        ♡ J 7 5
    ♢ K 5 2      W     E      ♢ A Q 4
    ♣ Q 10 9 8       S        ♣ K 6 5

                    ♠ 9 8 3
                    ♡ K Q 9 8
                    ♢ 9 8 3
                    ♣ A 3 2
```

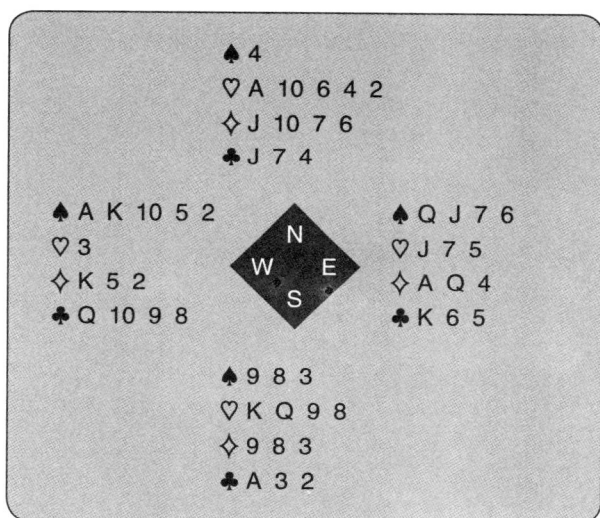

西	北	东	南
1♠	不叫	2NT	不叫
3♡	不叫	4♢	不叫
4♠	全不叫		

2NT ＝杰克贝 2NT，表示四张以上黑桃支持，逼叫进局的实力。

3♡＝没有第二个五张套，但红心是单张或缺门

4♢＝我喜欢你的红心短套而且我有♢ A，但没有♣ A。

4♠＝我无法在成局水平以下扣叫，而且我也没有额外实力。

朱 瑞

朱瑞约定叫由道格拉斯·朱瑞发明，目的是允许已经做过不叫的应叫人，可以在低阶显示对同伴开叫高花（1♡或1♠）的限制性加叫（10$^+$点）。由于应叫人已经做过不叫，这意味着开叫人一定是第三或第四家。遵照通常的桥牌理论，我们希望同伴持边缘牌在第三或第四家开叫。我们会在后续章节中详细讨论朱瑞约定叫，但首先让我们来看，同伴会持什么样的牌在第三或者第四家开叫。

边缘开叫就意味着大牌点少于12点，但有其他有利因素鼓励你开叫。一个常用的方法，也是我推崇的方式，就是将你的大牌点与黑桃的张数相加。如果结果大于或等于15，你就应该开叫。这种方法源自皮尔逊计点法以及另一个变种坎辛诺计点法。只有持边缘牌选择是否开叫时才使用这种方法。如果你有充足的大牌实力或者有很好牌型的畸型牌，你肯定毫不犹豫地开叫，而无需顾虑自己是第一，第二，第三还是第四家位置。

一些边缘开叫的牌例：

♠KQ542　♡A5　♢875　♣J53

虽然只有10个大牌点，但你有五张黑桃。10$^+$5 = 15，你应该开叫1♠。

♠KQ52　♡AJ5　♢85　♣J532

虽然只有11个大牌点，但你有四张黑桃。11$^+$4 = 15，你应该开叫1♠。

♠42　♡AQJ2　♢9654　♣A53

你仅有11个大牌点，而且只有两张黑桃。11$^+$2 = 13，你应该不叫。

♠ 42　♡ AQJ2　♢ J654　♣ A53

你有 12 个大牌点，即便坐在第一家也会开叫。无论有几张黑桃都没有影响，你永远开叫 1♢。

♠ 42　♡ AQ872　♢ AJ654　♣ 3

你有 11 个大牌点，即便坐在第一家也会开叫，因为你有两个五张长套而且点力都集中在长套上。无论几张黑桃都没有影响，你永远开叫 1♡。

然而，如果使用这样的开叫策略，当联手只有不足开叫实力对着一手边缘开叫实力时，我们必须有办法将叫牌保持在二阶。

使用朱瑞约定叫的条件如下所示：

• 你必须是应叫人且在此之前做过不叫；

• 同伴必须开叫 1♡或 1♠；

• 你（应叫人）必须在同伴开叫的高花上有三张或者更长的支持；

• 你（应叫人）对同伴的开叫高花必须有限制性加叫或者更强的实力（10$^+$点）。"所谓对高花的支持"意味着确定自己持牌的价值时，你可以将牌型等因素考虑在内（**单张，缺门，额外将牌长度等**）。

我们将在本章结束时讨论这个约定叫的初始版本。多年来这个约定叫已经有很多改进，我钟爱的是马蒂·伯根建议的版本。这种版本称之为"双路逆朱瑞"。

双路逆朱瑞给应叫人提供了两种展示高花配合的限制性加叫或者更强的应叫方式。这种版本同样保留了阻击性加叫的机会。

具体方式如下：

•2♣是约定叫，与梅花没有关系。2♣表示对同伴开叫的高花有三张支持，包括牌型点在内有 10 点牌力。例如：同伴开叫 1♡，持下列牌你可以应叫 2♣：

•♠KQ2　♡AJ5　◇853　♣J532；

•2◇是约定叫，与方块没有关系；2◇表示对同伴开叫的高花有四张以上支持，包括牌型点在内有 10 点牌力。例如：同伴开叫 1♠，持下列牌你可以应叫 2◇：

•♠KQ52　♡AJ5　◇85　♣J532；

•3♡/3♠（同伴开叫的高花）表示对同伴开叫高花有四张以上支持，弱的阻击性加叫（6 点以下）。如果是有局方，应叫人通常会有单张或者缺门。例如：同伴开叫 1♠，持下列牌你可以跳加叫 3♠：

♠Q532　♡J532　◇5　♣5432；

应叫人叫牌之后，开叫人评估自己的牌是否有成局的可能性。

记住，开叫人不能对应叫人的 2♣/2◇不叫，因为这是"约定叫"并且承诺了高花配合。

以下是开叫人如何再叫的牌例：

•2♡/2♠表示对同伴的限制性加叫没有成局兴趣。这并不表示开叫人没有开叫实力，而仅表示面对同伴的限制性加叫，他的实力不足以进局。

牌例：♠KQ532　♡AJ5　◇85　♣J52

开叫 1♠后同伴应叫朱瑞 2♣或 2◇，开叫人再叫 2♠：只有 11 点而且是均型牌。

•2NT 表示均型牌，不确定能否进局并且询问同伴："你觉得自己的牌如何？"

牌例：♠KQ532　♡AJ5　◇K5　♣J52

开叫1♠后同伴应叫朱瑞2♣或2◇，开叫人再叫2NT：14点牌力而且是均型牌。

• 3♡/3♠（二阶朱瑞应叫之后）表示弱牌但有额外将牌长度。这是保护性叫品以便阻止敌方参与叫牌——例如，"平衡叫牌"。

牌例：♠KQ7652　♡5　◇J53　♣AJ2

开叫1♠后同伴应叫朱瑞2♣或2◇，开叫人再叫3♠：只有11点，黑桃有额外长度并且红心是短套。开叫人不希望敌方找到红心配合并且参与叫牌。

• 4♡/4♠表示愿意成局。

牌例：♠52　♡AKJ75　◇85　♣AK32

开叫1♡后同伴应叫朱瑞2♣或2◇，开叫人再叫4♡：15点加上同伴的10点已经足够成局！

• 叫到除将牌之外的其他花色都表示有进局兴趣，而且所叫花色是帮张邀叫。

牌例：♠KQ5432　♡AJ75　◇85　♣2

开叫1♠后同伴应叫朱瑞2♣或2◇，开叫人再叫2♡："帮张邀叫"，要求应叫人在红心有帮助或者是短套的情况下进局。

• 开叫人也同样可以使用"斯普林特"（双跳叫新花色）作为满贯试探。

牌例：♠KQ5432　♡A75　◇8　♣AK2

开叫1♠后同伴应叫朱瑞2♣或2◇，开叫人再叫4◇：斯普林特。

• 当面临边缘选择时，基于应叫人使用双路逆朱瑞，开叫人很清楚联手八张还是九张将牌配合，从而对是否进局可以做出更准确的决定。总体来说，面临边缘选择时，联手只有八张将牌时更为保守，而联手有九张将牌时叫牌更为进取。

牌例：♠KQ542　♡AJ5　◇85　♣K32

开叫1♠后同伴应叫朱瑞2♣，表示三张将牌支持，开叫人再叫2♠表示没有进局兴趣。

牌例：♠K102　♡AK985　◇85　♣K32

开叫1♡后同伴应叫朱瑞2◇，表示四张以上将牌支持，开叫人再叫2♠（帮张邀叫），表示在同伴有黑桃帮助的情况下愿意进局。

增加这个约定叫之后，应叫人的其他叫品同样可以传递更多的信息。

例1		例2	
北	南	北	南
1♠	2♣	1♠	2◇
2♠	4♠	2♠	3◇

例1：首先应叫朱瑞然后进局（同伴示弱之后），应叫人展示了一手逼叫进局的牌。南家可能持这样一手牌：

♠K42　♡K75　◇8　♣KQ9732

三张将牌支持有单张，11点牌力以及好的六张边花套。

例2：首先应叫朱瑞，同伴示弱后再叫新花色（3◇），应叫人展示一手有开叫实力的牌。应叫人叫出的应该是点力集中的长套。南家可能持下列这样一手牌：

♠K932　♡53　◇AQ542　♣Q9

四张将牌支持，11点牌力以及好的五张边花套。

例3		例4	
北	南	北	南
1♡	2♣	1♡	2♣
2◇		3♠	

例3：开叫人可以使用"帮张邀叫"以便获取更多的信息，从而更精确地叫到相应的阶数。北家可能持这样一手牌：

♠K2　♡AQJ53　♢Q5432　♣9

将牌质量很好，12点牌力以及一个弱的五张套。如果同伴有方块配合，他就可以进局。如果在方块上没有配合，他就止叫于2♡，这样就保证定约的安全。**当你与同伴没有很好的配合时，通常你方可以停在二阶定约。**

例4：开叫人可以使用斯普林特以便获取更多的信息，从而探查是否存在满贯的可能性。北家可能持这样一手牌：

♠2　♡AQJ53　♢AK432　♣K2

将牌质量很好，17点牌力以及非常好的五张边花套。如果同伴在黑桃中没有浪费的点力，他就通过一个叫品显示"喜欢"自己的牌（**有♣A扣叫♣A，或者再叫3NT有满贯兴趣但没有合适的A可供扣叫**）。（**再叫3NT肯定不是希望以此为最终定约，因为你与同伴已经找到了高花配合。**）

你损失了什么？每当你使用一个新的约定叫，你就损失了这个叫品的自然含义。使用双路逆朱瑞，在同伴开叫高花后，你就不能应叫2♣和2♢表示10～11点的五张套。如果持这样的牌，应叫人只能应叫逼叫性1NT。[**如果使用逼叫性1NT，此时应叫人的1NT就是半逼叫（因为应叫人已经做过不叫），因而此时的叫牌不会产生问题。**]

为了更安全地停在低阶，以及在联手有很好配合的情况下保留试探成局甚至满贯的手段，付出这样的代价是微不足道的。

朱瑞（初始版本）

　　初始的朱瑞版本是这样的：同伴第三家或者第四家开叫1♡或1♠后，应叫2♣表示将牌支持，限制性加叫或者更强的实力。此时允许应叫人加上牌型点（单张，缺门，额外的将牌长度，等等）。这个叫品与梅花无关而且承诺对同伴的开叫高花有三张以上支持。开叫人再叫约定性的2◇表示不足开叫实力，随后应叫人叫回二阶高花。开叫人的其他叫品都承诺正常开叫实力。

牌例 1 双方无局

北发牌

```
                    ♠ K Q 7 4
                    ♡ K 9 6
                    ♢ 10 6 5 2
                    ♣ Q 9
    ♠ A 9 8                         ♠ J 10 3 2
    ♡ J 10 3 2        N            ♡ 4
    ♢ 9 7 4      W       E         ♢ A Q J
    ♣ A 4 2          S             ♣ 10 8 7 6 3
                    ♠ 6 5
                    ♡ A Q 8 7 5
                    ♢ K 8 3
                    ♣ K J 5
```

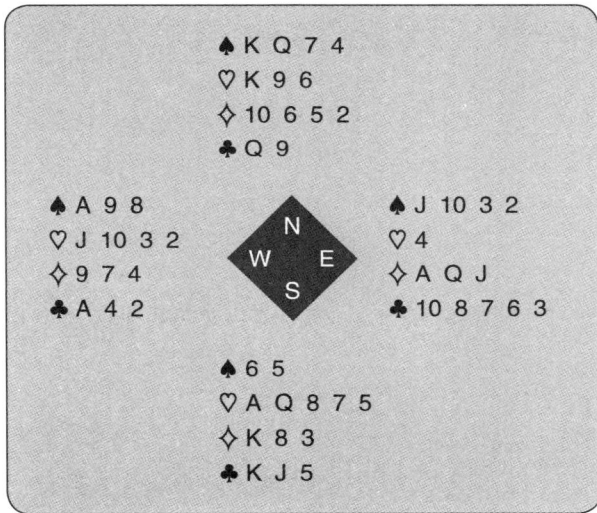

西	北	东	南
	不叫	不叫	1 ♡
不叫	2 ♣	不叫	2 ♡
全不叫			

2♣＝朱瑞，表示 10$^+$点 并且有三张将牌支持。

2♡＝对于三张支持的限制性加叫，我没有进局兴趣。

牌例 2 南北有局

东发牌

```
                    ♠ A J 7 5
                    ♡ 5
                    ♢ K 8 5 3
                    ♣ J 9 8 4

♠ K Q 10 3 2              ♠ 9 8 6
♡ K J 9 6         N       ♡ A 10 8 4
♢ 10 4        W     E     ♢ A Q 6
♣ A 7             S       ♣ 6 3 2

                    ♠ 4
                    ♡ Q 7 3 2
                    ♢ J 9 7 2
                    ♣ K Q 10 5
```

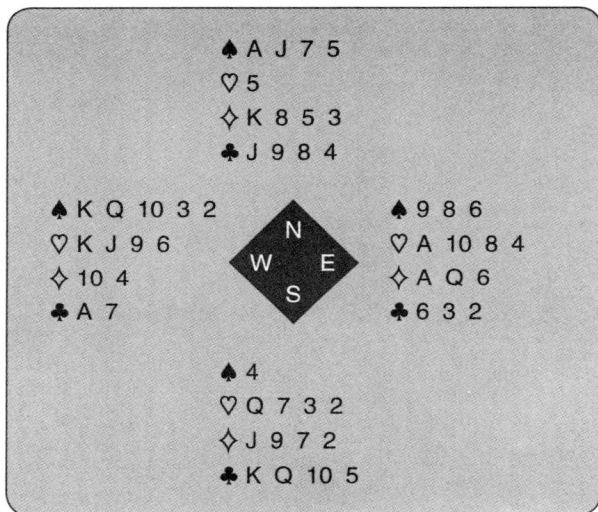

西	北	东	南
		不叫	不叫
1♠	不叫	2♣	不叫
2♡	不叫	3♡	不叫
4♡	全不叫		

2♣＝朱瑞，表示 10$^+$点牌力，三张将牌支持。

2♡＝帮张邀叫，询问同伴在红心上是否有帮助。

3♡＝我有红心帮助并且有四张以上红心。

4♡＝我同样有四张红心，"我们打红心定约吧"。

记住，4－4配合通常比 5－3配合多一个赢墩。

牌例 3 东西有局

南发牌

```
                    ♠ 6 2
                    ♡ A Q J 8 7
                    ♢ K 8 3
                    ♣ K J 5
    ♠ A 9 8 5                      ♠ K Q J 10
    ♡ 10 5 3 2         N           ♡ 4
    ♢ 9 7 4        W       E       ♢ J 5
    ♣ A 4              S           ♣ 10 8 7 6 3 2
                    ♠ 7 4 3
                    ♡ K 9 6
                    ♢ A Q 10 6 2
                    ♣ Q 9
```

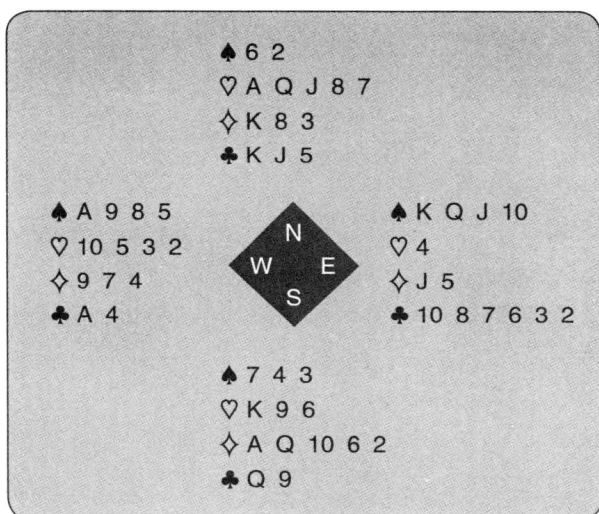

西	北	东	南
			不叫
不叫	1♡	不叫	2♣
不叫	2♢	不叫	4♡
全不叫			

2♣＝朱瑞，表示 10$^+$点牌力，三张将牌支持。

2♢＝帮张邀叫，询问同伴在方块上是否有帮助。

4♡＝我有方块帮助。

牌例 4 双方有局

西发牌

```
                    ♠ Q 4
                    ♡ Q J 3 2
                    ♢ A 10 8 6 5
                    ♣ J 3

    ♠ A 8 6 5              N        ♠ K J 10 9 3 2
    ♡ A 10 4          W       E     ♡ 9 6
    ♢ K 3 2              S         ♢ 7 4
    ♣ 9 6 5                        ♣ A Q 8

                    ♠ 7
                    ♡ K 8 7 5
                    ♢ Q J 9
                    ♣ K 10 7 4 2
```

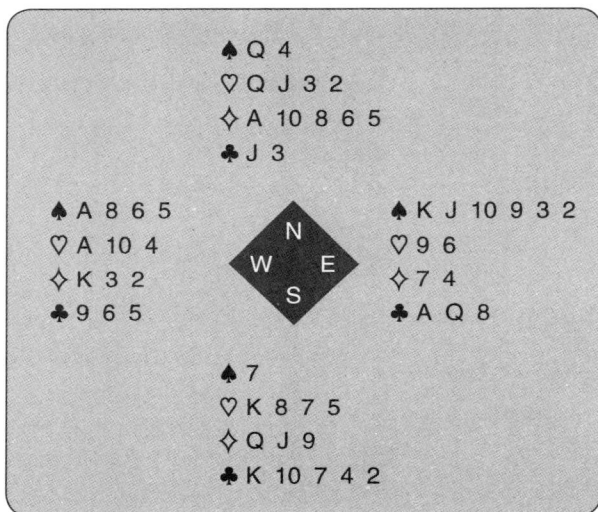

西	北	东	南
不叫	不叫	1♠	不叫
2♢	不叫	3♠	全不叫

2♢＝朱瑞，表示 10$^+$点牌力，四张将牌支持。

3♠＝我没有进局兴趣，但有额外黑桃长度。

牌例 5 南北有局

北发牌

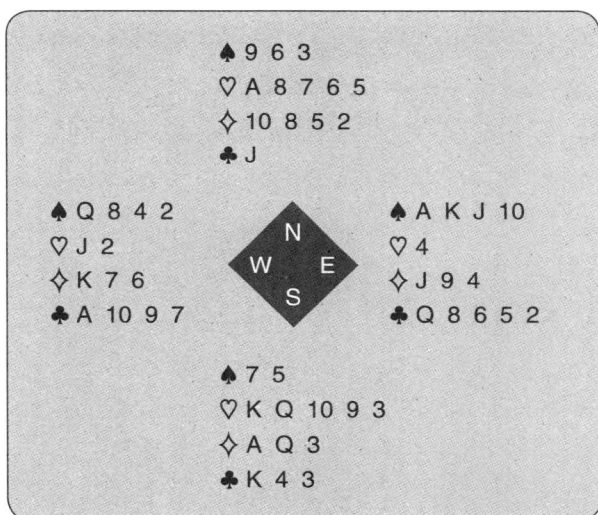

西	北	东	南
	不叫	不叫	1♡
不叫	3♡	全不叫	

3♡＝阻击性加叫，表示四张以上红心支持，6 点以下牌力。

牌例 6 东西有局

东发牌

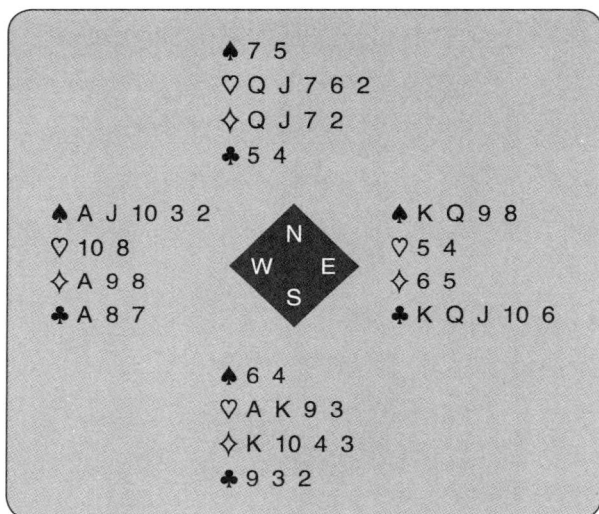

```
                    ♠ 7 5
                    ♡ Q J 7 6 2
                    ◇ Q J 7 2
                    ♣ 5 4
  ♠ A J 10 3 2            N        ♠ K Q 9 8
  ♡ 10 8              W       E    ♡ 5 4
  ◇ A 9 8                 S        ◇ 6 5
  ♣ A 8 7                          ♣ K Q J 10 6
                    ♠ 6 4
                    ♡ A K 9 3
                    ◇ K 10 4 3
                    ♣ 9 3 2
```

西	北	东	南
		不叫	不叫
1♠	不叫	2◇	不叫
2♠	不叫	3♣	不叫
4♠	全不叫		

2◇＝朱瑞，表示 10⁺点牌力，四张将牌支持。

2♠＝对于你的限制性加叫我没有进局兴趣。

3♣＝基于同伴开叫 1♠，这手牌已经具备开叫实力并且在梅花上有集中的点力。

4♠＝我接受邀请。

牌例 7 双方有局

南发牌

```
              ♠ Q 10 7 3
              ♡ A K 10 9 3
              ♢ K J 5
              ♣ 8

♠ A 8 5                        ♠ K 9 6 4
♡ 6 2            N             ♡ 5 4
♢ 9 8 7      W       E         ♢ 10 6
♣ K Q J 10 6     S             ♣ A 9 7 4 2

              ♠ J 2
              ♡ Q J 8 7
              ♢ A Q 4 3 2
              ♣ 5 3
```

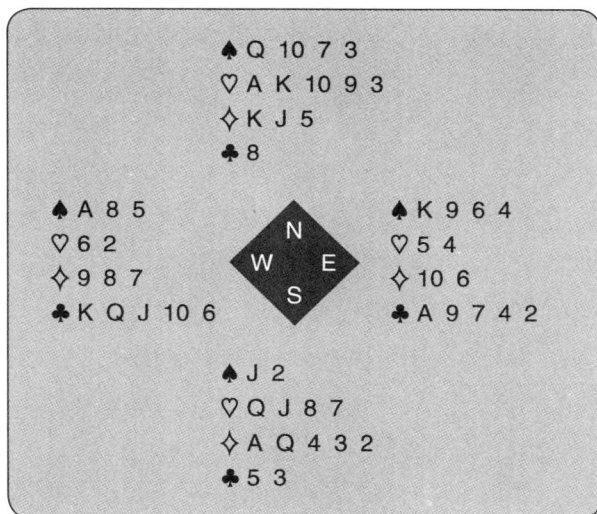

西	北	东	南
			不叫
不叫	1♡	不叫	2♢
不叫	2♠	不叫	3♢
不叫	4♡	全不叫	

2♢＝朱瑞，表示 10^+ 点牌力，四张将牌支持。

2♠＝帮张邀叫，显示进局兴趣。

3♢＝我在黑桃上没有帮助，但在方块上有集中的点力。

4♡＝我接受邀请。

牌例 8 双方无局

西发牌

♠ Q 3
♡ Q 9 8 7 6
♢ Q 4
♣ K J 4 3

♠ J 10 9 4
♡ J
♢ 10 9 6 5 3
♣ Q 9 7

N
W E
S

♠ A K 7 6 2
♡ A 4 2
♢ K
♣ A 6 5 2

♠ 8 5
♡ K 10 5 3
♢ A J 8 7 2
♣ 10 8

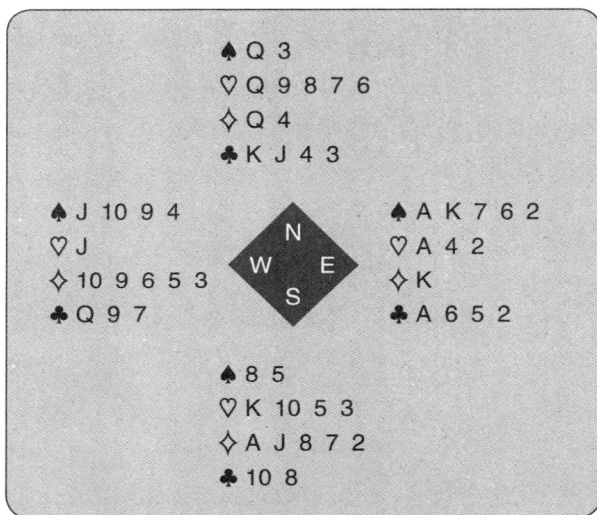

西	北	东	南
不叫	不叫	1♠	不叫
3♠	全不叫		

3♠＝阻击性加叫，表示四张以上将牌支持的弱牌。

牌例 9 东西有局

北发牌

```
                        ♠ 9
                        ♡ K 7 4 2
                        ♢ 9 3
                        ♣ A Q J 7 6 3

        ♠ A J 7 4              N          ♠ K 10 6 3 2
        ♡ 10 8           W          E     ♡ 6 5
        ♢ J 10 8              S          ♢ A Q 7 5
        ♣ K 9 8 2                         ♣ 10 5

                        ♠ Q 8 5
                        ♡ A Q J 9 3
                        ♢ K 6 4 2
                        ♣ 4
```

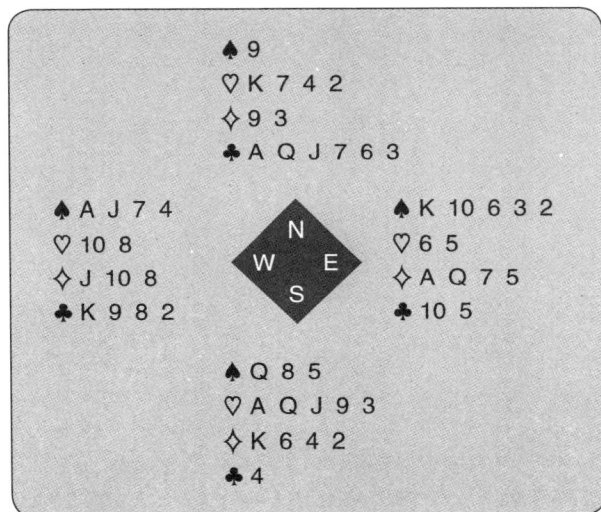

西	北	东	南
	不叫	不叫	1♡
不叫	2♢	不叫	2♡
不叫	4♡	全不叫	

2♢＝朱瑞，表示 10⁺点牌力，四张将牌支持。

2♡＝对于你的限制性加叫我没有进局兴趣。

4♡＝基于配合这手牌已经具备开叫实力。

牌例 10 双方有局

东发牌

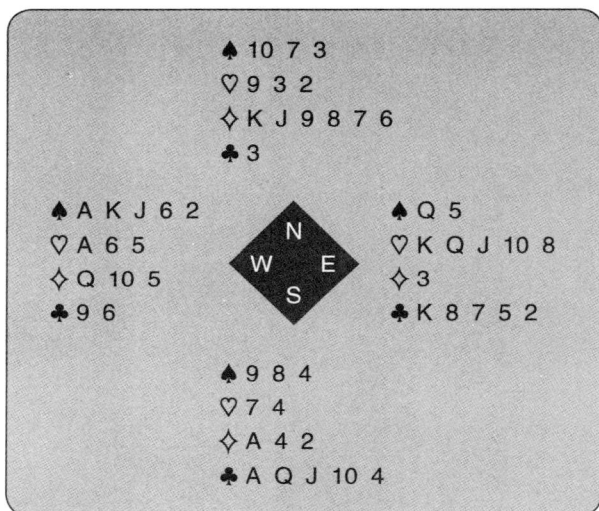

```
                    ♠ 10 7 3
                    ♡ 9 3 2
                    ◇ K J 9 8 7 6
                    ♣ 3

    ♠ A K J 6 2              ♠ Q 5
    ♡ A 6 5         N        ♡ K Q J 10 8
    ◇ Q 10 5     W     E     ◇ 3
    ♣ 9 6           S        ♣ K 8 7 5 2

                    ♠ 9 8 4
                    ♡ 7 4
                    ◇ A 4 2
                    ♣ A Q J 10 4
```

西	北	东	南
		不叫	不叫
1♠	不叫	2♡	不叫
3♡	不叫	4♡	全不叫

2♡＝自然叫，表示 10$^+$点牌力，五张以上红心。

3♡＝我在红心上有配合，基于你有 10 ～ 11 点我们已经非常接近成局实力。

4♡＝基于你有 13 ～ 14 点，我们已经具备成局实力。

记住，除非你对同伴的高花有配合，否则不要使用朱瑞。

牌例 11 双方无局

南发牌

```
                ♠ Q 7 2
                ♡ A K 4 3 2
                ♢ A 10 9
                ♣ 8 7

♠ 8 6 4                         ♠ K 9 5
♡ 10 9           N              ♡ J 8 6
♢ J 6 5      W       E          ♢ K Q 3
♣ K Q 5 4 2      S              ♣ J 9 6 3

                ♠ A J 10 3
                ♡ Q 7 5
                ♢ 8 7 4 2
                ♣ A 10
```

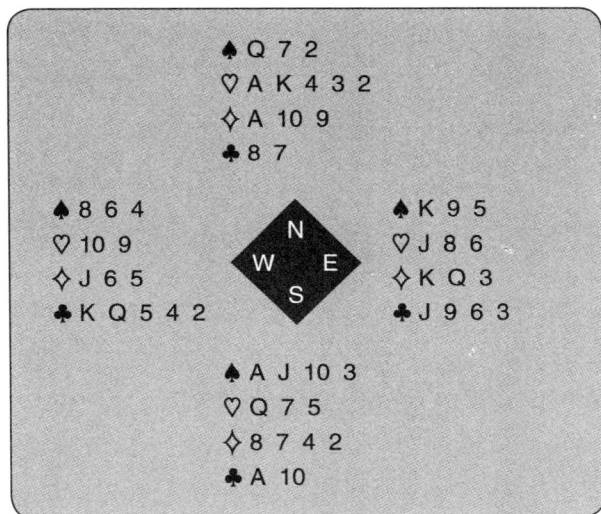

西	北	东	南
			不叫
不叫	1♡	不叫	2♣
不叫	2♢	不叫	2♠
不叫	4♡	全不叫	

2♣＝朱瑞，表示 10^+ 点牌力，三张将牌支持。

2♢＝帮张邀叫，询问同伴在方块上是否有帮助。

2♠＝我在方块上没有帮助，但在黑桃上有集中的点力。

4♡＝我接受邀请。

133

牌例 12 南北有局

西发牌

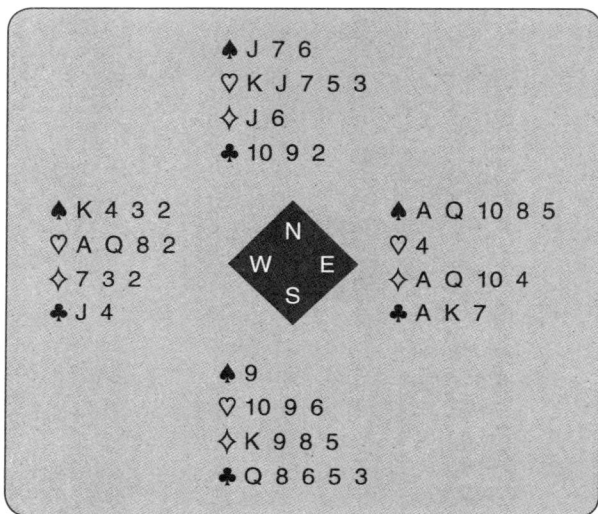

	♠ J 7 6		
	♡ K J 7 5 3		
	♢ J 6		
	♣ 10 9 2		

```
                    ♠ J 7 6
                    ♡ K J 7 5 3
                    ♢ J 6
                    ♣ 10 9 2

    ♠ K 4 3 2              N          ♠ A Q 10 8 5
    ♡ A Q 8 2         W         E     ♡ 4
    ♢ 7 3 2               S          ♢ A Q 10 4
    ♣ J 4                            ♣ A K 7

                    ♠ 9
                    ♡ 10 9 6
                    ♢ K 9 8 5
                    ♣ Q 8 6 5 3
```

西	北	东	南
不叫	不叫	1♠	不叫
2♢	不叫	3♢	不叫
3♡	不叫	4♠	全不叫

2♢＝朱瑞，表示 10$^+$ 点牌力，四张将牌支持。

3♢＝帮张邀叫，询问同伴在方块上是否有帮助。

3♡＝我在方块上没有帮助，但在红心上有集中的点力。

4♠＝我不喜欢你的点力集中在红心上。实际上我持一手强牌，如果你对方块有帮助我就可以试探满贯。现在我们只能简单进局。（**西家认为东家喜欢他的 3♡叫品。西家不可能准确知道东家的持牌，但这无关紧要，因为东家掌控整个叫牌进程。**）